坐霸王車的男孩

→從黑暗→到光明→的逆轉人生

→王國春

〈專文推薦〉
接住像自己一樣的孩子

作家 大師兄

由於這陣子真的生活繁忙，已經沒什麼時間看書了。但拜國春兄所賜，讓我可以給自己一個放鬆的時段，好好閱讀這些引人省思的小故事。

我與國春認識幾年了，但是沒見幾次面，一直以來都是臉友。想想自己跟他也有很多相似之處，除了身材……

桃園、彰化之間的平行時空

小時候他生活在桃園，長大後到彰化定居；我是小時候在彰化，而長大後在桃園定居。

在成長過程中，我們的經歷多多少少有些重疊：一個不是很好的家庭，需要很早去接受社會的鐵拳，然後走上一條改變自己一生的路，熱愛自己選擇的工作，並開始四處分享。

我跟國春一樣，沒有所謂很厲害的學歷，他是國中畢業，而我是高中畢業，但是我們很喜歡將人生的經歷，寫出來與讀者交流。

國春小時候跟我很像，總是喜歡在外面玩，不想回家。

我常常跟大家說我爸爸欠錢、家裡必須面對債主，以及跑路的故事，但是講到後來，我還是會強調，讓我可以在那個環境走下去的，就是我有一個很愛我的媽媽。

看到國春的經驗，有時候我會覺得很心疼那個小時候背景是這樣的孩子。

當我在講座中被問到，有這樣的童年，為何我可以撐下去的時候，我會提起媽媽與外婆。

當下一句被問到，要是人生連這樣的媽媽與外婆都沒有的話，怎麼辦？

啊，對呀，怎麼辦……

我會回答：「那你一定要多愛自己一點，給自己滿滿的愛。」

但是，對這些孩子來說，給自己滿滿的愛，容易嗎？

與人分享，帶給自己更多

其實這兩年我跑了很多講座，常常遇到名校或是貴族學校的演講邀約，我會問自己——

「我的經驗對他們來說有沒有幫助？」

「我的成功對他們來說是成功嗎？還是，我的成功對他們來說就是躺好就有了。」

但是在一些比較偏鄉或是孩子比較特殊的學校，我都覺得很像是在跟小時候的自己說說話。

我會告訴他們殯儀館的故事，我人生的故事。

每次演講結束後，老師若問我有沒有認識的講師可以推薦，我都會回答：「有一個長得跟我很像，差不多帥的，叫做王國春，是個很勵志的計程車司機！」

找過他的老師都會回饋說：「大師兄，你推薦得很好。」但就是絕口不提長得像……

會推薦國春，是因為我覺得他的人生，有很多是我也沒有經歷過的。

要如何從這樣的家庭中找到「活著」的方式？

要如何在充滿誘惑的青少年時期讓自己不要沉下去？

要如何在人生中找到自己最喜歡的選擇？

要如何讓自己在工作中找到樂趣？

看完這本書後，真的很謝謝國春願意把這些經驗寫出來。

記得某次講座，有同學問我一個問題：「大師兄，為什麼你可以這樣自我揭露？」

其實，自我揭露也是一種療癒自己的方式。

當我拿著麥克風分享的時候，我好希望能接住一個像自己一樣的孩子，讓他知道不是小時候不好，以後就不好。

之所以跟國春當朋友，就是我在他身上與文字中，看到了這些我跟他一樣的東西。

國春的經驗與文字，一定也可以幫助很多人。

推薦給大家。

〈專文推薦〉

轉角遇見光——運轉手的重生之路

新北市立丹鳳高中圖書館主任．作家 宋怡慧

在這條沒有標準答案的人生路上，王國春方向盤上的人生智慧，讓我深刻領悟：唯有堅定自己的方向，才能真正成為人生的掌舵者。他從坐霸王車的男孩到無數年輕生命的領航者，從覺醒到自我救贖的追尋之旅，王國春向我們詮釋：即使命運給了我們一手爛牌，我們依然可以打成贏得人生的勝局。

在人生的每個轉折點上，王國春就如同那些細心繞道而行的司機，以智慧做出正確的抉擇。當你的心中有善意，即便身陷幽暗的深淵，終能找到屬於自己的人生出口。

王國春就像微光中的尋路人，一段運轉手的蛻變旅程，跨越初始原生家庭的命運之坎，最終，他接納了自己與不斷給他挑戰的「家人」們，並從中學習，努力活

出一道光，國春奮進的姿態不只深植人心，也激勵受挫的我們持續向前。

書中幾處情節，彷若深刻的靈魂拷問，讓我不禁也問自己：你是否有勇氣回望過往，將缺憾以勇敢償還？當你凝視微光，微光也正凝視著你，只要不放棄，我們就能永遠仰光而行。

〈專文推薦〉

坐在後座陪司機走一趟他的路

作家 林楷倫

關係是一段旅程，或長或短、平順或顛簸。我們依舊不斷前行，偶爾傳訊息給親密的人說旅程如何，走過來了或是困在關係裡頭。

輕輕地嘆：「這就是人生。」

讀國春的《坐霸王車的男孩》，看他討論自己與母親，還有多個父親的關係，待他好的點滴在心，沒有好好照顧國春的則溫柔以對。文字是可以看出一個人的性格，搭車也是，國春的文字顯示他現在對於人生的觀點，如同柔順行駛的計程車，上車沒多久便能讓顧客休息，偶爾聊天，但最常的是聆聽。讀者是聆聽的角色，這次換國春跟你說了。

此書的前半段處理國春的家庭關係，他拿起文字的刀，剖開內心。那把文字的刀可以傷人，他選擇修掉最傷痛且可以惡毒的邊角。

讀起來，總會讓人感覺他已經走過了那些陰影。

其實他只是帶我們走過他的陰影。

如同他的運轉手人生，他仍然在運轉人生，在黃色的車殼走過許多人的片刻。他陪乘客走，乘客也陪著他走。

從詐騙車手講到醉漢，他載過的是社會人間的亂數分配，有好人也有不幸之人。對於家人偶有憤慨，但對於乘客似乎能看到他吃過的虧或是遇過的誇張情事，他都會跟我們說：「錢小事啦。」那不單是對於這些旅程與關係的豁達，更多的是他也曾經度過那樣的人生。他像是回望自己的青春荒唐，中輟、擺攤賣盜版，那都不同於他現在穿起西裝背心的運轉師模樣。他的青春是暗夜裡奔跑於荒野城市，碰撞受傷且進入最暗處的角落，從最暗的地方出來，一時無法習慣光的亮，國春瞇眼習慣這些光線，他背負那些陰影前行。

讓我們一起上車吧。

「你好，你要去哪裡呢？」

在後座，看前方國春運轉方向盤的手，偶有跳表的嗶嗶聲，跟他說一些我們人生的事，他在書裡回答，用他的人生回答。聽他說過，有地處偏遠的窮苦人家總是叫他車，經歷那家的生老病死，次次跳表卻總是虧錢，虧錢的事不是最重要的，而是他能安穩地安心地承載。承載的是生活日常，生活日常也不時深刻，從刺青到生命的終點都是日常。《坐霸王車的男孩》的路途會有幾些轉彎，我們聽起前方司機國春打起方向燈，專心開車不看群組的訊息，沒有無線電的干擾。

緩緩地轉彎，遇到行人在斑馬線上，微笑舉手致意。

一趟旅程，一趟閱讀，是國春的人生，是眾人相，卻更多的是我們看著車窗映射的自己。抵達目的地了，我們互道謝謝，他會說：「東西不要忘了喔。下次再見。」一運轉人生是隨機遇到短暫的關係，國春時時長久記在心裡，短暫的幾分鐘或長久如親情的幾十年。

他寫的是人生，更是路途，下車了，我們都一起走過。

想跳上他的車，走一趟他想兜風的路。

我想，國春會笑笑地載我去。

〈作者序〉
未來是可以選擇的

今年初，累積講座突破百場後，我終於重返母校，回到桃園市立自強國民中學，向學弟妹進行分享。

當時演講結束並未馬上離開，而是麻煩熱心的年輕老師帶我逛一下校園，重溫二十多年前當學生的回憶。我特地與老師前往體育館後方，隆重介紹起那裡的風景：

「這面牆是我以前翹課時翻越的牆，想不到它竟然還在。」

記得某次翹課翻牆，準備去附近撞球間打撞球，從牆面高處一躍而下後，訓導主任已在牆外恭候多時，被抓回學校後免不了一陣「板子伺候」。

國中有兩年都在這樣的循環中度過，可惜到了第三年，也就是剛升國三時，那一跳之後，我就沒回到學校，而是變成一名失聯的中輟生。一直到兩年後我才重返校園，跟著平均年齡超過六十歲的同學一起讀補校，完成國中學歷。這也是我目前最高的學歷。

曾經的問題學生，以為翻過學校的圍牆是投奔光明，殊不知在一躍而下的那一刻，其實是墜入無盡的黑暗深淵。我很幸運，只花了兩年時間，就從深淵中慢慢爬起，然而當時身邊的朋友就沒有那麼幸運了。

二十多年前一起廝混的朋友，家庭背景都與我大同小異，家庭功能不健全，資源匱乏，甚至被至親限制、剝奪了一切。我們都一樣，出場後就拿到一副爛牌，但我沒有自暴自棄，因為我始終相信一件事：「想法是無法被剝奪的，未來是可以選擇的。」

抱持這份信念，我與當初擁有相似家庭背景的朋友，走在截然不同的人生道路上。目前雖然還沒功成名就，但也沒把自己的人生過壞掉；雖然還沒大富大貴，但有餘裕依然能盡力幫助別人。

對我而言，一個人真正的價值，並不是來自於財富，而是有沒有辦法發揮影響力，去正面影響更多的人。我不期待自己能賺很多錢，但期待能累積更大的影響力，去幫助正面臨困境的人。

第一本書《我只是個計程車司機：運轉手的小黃日記》是我在二〇二〇年用iPhone 7寫的。一直以為這本《坐霸王車的男孩》我會使用筆電，或其他更好的工具書寫，結果沒有。

《坐霸王車的男孩》是我用iPhone SE寫的，一樣是非常老舊，且沒有支援5G的機型。我喜歡這些舊東西，就如同書中故事內容，分享了許多陳年舊事，雖然有些不堪回首，但不可否認，如果沒有這些經歷，我就無法成為現在的自己。

寫了兩本書，我依然是一個沒有筆電的創作者。

目錄 CONTENTS

第一部

烏雲蔽日：從黑暗中走來

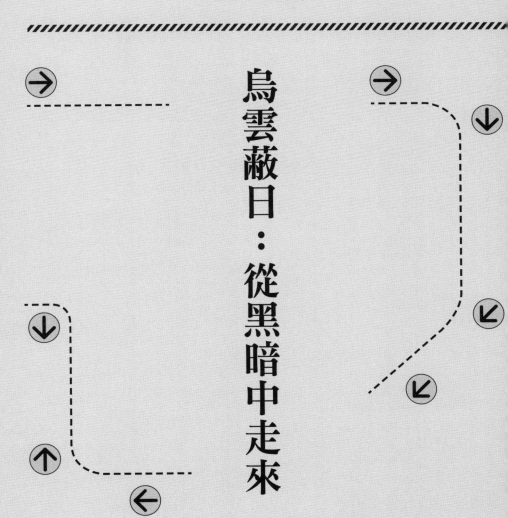

第1章

我的媽媽和爸爸們

坐霸王車的男孩

某個晚上，一個男孩在大馬路上招了台計程車，坐上車後，男孩報了目的地，司機大哥依指示前往。

行進過程中，司機大哥主動與男孩攀談，但男孩似乎心不在焉，只是認真注視著計程錶。計程錶上的數字每跳一次，男孩的心也跟著跳一次，當累計金額愈來愈高，男孩的心跳也愈來愈快。

搖晃的車廂內，男孩始終抱著忐忑不安的心情，與駕駛座上侃侃而談的司機大哥形成強烈對比。終於，男孩的目的地到了，司機大哥將車子停在某個巷口，按下計程錶的「結帳」鍵，車資一百八十元。

「弟弟，一百八十元。」司機大哥表示。

「我現在身上沒有錢，叔叔你可以等我回去拿錢嗎？就在這條巷子進去而已。」男孩回覆。

「你身上沒有錢喔？」司機大哥將頭轉向後座，注視著男孩。

「對，我現在身上沒有，錢在我朋友那邊，我要去跟他拿。」男孩回答。

司機大哥沉默半晌：「好啦！我相信你，我在車上等你，你要快點喔！」司機大哥看著男孩的背影漸漸隱沒於巷弄中。

最終，男孩並沒有出現。

流離失所的日子

這本書是關於一位計程車司機的故事與他的所見所聞。

我就是這個計程車司機作家。遺憾的是在這篇故事中，自己並非當時的計程車司機，而是那位失信於司機大哥的男孩。二十年過去了，男孩早已踏入而立之年，曾經的男孩，現在竟也成為別人口中的司機大哥，每天為了事業、家庭，開著「小黃」穿梭於大街小巷。

當時的我正值國中時期，身分卻不是一位國中生，而是一位中輟生。國三那年，母親因長期沉迷賭博導致傾家蕩產，最終棄我於不顧，自己遠走他鄉。因為原生家庭的影響，我無法像許多學生一樣好好上學讀書，經常過著流離失所的日子。

當同年齡的少年還在煩惱考試與升學壓力時，我已開始煩惱自己的下一餐在哪了。少了家庭庇護，少了父母管教，再加上當時自己也不愛念書，我索性連學校都不去了。成日遊手好閒，寄居在鄰居家，跟著不務正業的「哥們」廝混。

那天晚上，我跟著幾位哥哥一起到開放式卡拉ＯＫ唱歌。那時年紀尚輕，沒有培養什麼興趣，唯一的嗜好就是唱歌。當時的我，將香港歌手陳曉東視為偶像，只要去唱歌的話都會點他的歌來唱。那天也不例外，我清楚記得自己唱了〈風一樣的男子〉。

唱歌時，眾哥哥們在沙發上喝酒聊天，聊著聊著分貝愈來愈高，講話愈來愈激動，甚至有人大力拍桌，最後向我丟下一句：「弟弟，你在這邊等著，我們去『處理』事情，等等就回來。」一語畢，他們集體離去，獨留我一人在卡拉ＯＫ。

所有我會唱的陳曉東的歌曲，都被我唱完一輪了，但哥哥們還沒回來。本以為〈風一樣的男子〉是要唱給自己聽，沒想到竟是要唱給哥哥們聽的。他們猶如「風一樣的男子」，集體隨風而去；莫非他們那天遇到的是「颱風」，吹得比較遠，遠到沒有辦法回來？

最後，不知該如何是好的我，趁著老闆正忙於招呼其他客人時，抓準時機悄然離去。我不確定哥哥們離開時有沒有先買單，但確定自己離開時絕對沒買單，因為當時的我身無分文。

離開卡拉ＯＫ之後，回家成了一大難題，因為卡拉ＯＫ離我的生活區域有一段距離。我遊走在大馬路上，不知走了多久，發現一輛計程車經過，揮手將其攔下；然後，故事就如文章開頭那般展開了。

情非得已

事後我才知道，原來那天集體被「颱風」吹走的哥哥們，因為在電話中跟別人吵得不可開交，最後鬧到相約談判，才會上演集體出走的戲碼。當時年紀尚小，我連「湊人數」的資格都沒有；若發生肢體衝突，多半只有挨打的份，所以他們才沒帶上我。至於他們在卡拉ＯＫ到底有沒有付錢？我已沒有印象，也不願回想。

其實，那天我並沒有打算要失信於司機；然而，當我走進一個哥哥家，搖醒熟睡的他，跟他討要一百八十元的計程車資時，他在半夢半醒之間問我：「司機有跟來嗎？」

我搖搖頭表示沒有。

「沒有跟來就不用理他，理他幹嘛？」

語畢，他繼續倒頭呼呼大睡，而我則帶著愧疚的心情躺在床上輾轉反側，不知過了多久才得以入睡。這份愧疚，如影隨形地跟了我超過二十年。也許正是因為如此，當我成為計程車司機後，偶爾遇到坐霸王車的乘客時，我總是用「唉！算了」這種了然於心的態度去面對，不予以計較。

因為，我也曾不得已而坐了霸王車。比起憤怒、責罵，我更好奇的是，那些坐霸王車的乘客到底發生了什麼事？他會不會也像二十年前的我一樣，因為遭遇生活中的種種困難，才成為當下的他？

當我抱持著這樣的心態去跑車時，才發現其實每位乘客身上都有故事。這些故事不論好壞、不論悲喜，透過文字記錄，都能成為幫助自己更認識自己、認識世界的重要工具。

多年來，我一直想找到那位司機大哥，當面將積欠的車資還給他，並且跟他說一聲：「抱歉，我辜負了你對我的信任。」如果真的有時光機，我還想回去見見二十年前的自己，對那個男孩說：「你很棒，你很努力，你沒有走偏，辛苦了。」

最陌生的親生父親

多年前的清明連假中，我接到醫院打來的電話。電話那頭的護理師說出父親的姓名，在確認我是他兒子之後，便請我趕緊去醫院。

原來前一天父親在廁所滑倒住院，幸好傷勢不是太嚴重，但他老人家獨自一人，護理師不斷要求我去醫院照顧父親。她強調，若是沒空親自照顧，也要花錢請看護才行。

掛上電話後，我隨即準備好簡單的行李，驅車前往位於桃園的醫院去照顧父親。開車北上的途中，我一直感到非常慚愧，父親住院沒有跟我說，最後還得煩勞院方通知。

「你來啦？」

「對呀！」

許久未見父親，一見面竟然是在醫院病房裡。陪病期間我們父子沒有太多交談，我只是靜靜地坐在病床旁，視父親的需求適時提供協助。當時，我最大的功能就是充當父親與醫護人員之間的「翻譯」。因為父親是一九四九年隨政府遷台的老兵，講話的鄉音非常重，醫護人員都聽不懂他在說什麼，父親也聽不懂醫護人員想要表達的事情，因此我成為他們唯一的溝通橋樑。

雖然我從四、五歲起就沒跟父親生活在一起了，但父親說的話，我百分之八十以上都聽得懂，至今我仍然覺得非常神奇，無法解釋自己為何就是聽得懂父親要表達什麼。

藉著酒意，敲父親的家門

在父親摔倒住院之前，我久久才會去看他一次，並不是我不想見他，而是父親與母親離婚後，再娶了一位湖南老婆，我稱呼她阿姨。阿姨不喜歡我去找父親，她擔心我在打父親「財產」的主意，才會故意接近他。

「我們沒有錢，你要錢去找你老媽要。」

「我的錢都被你媽騙光了。」

之前我去看父親，他們都認為我是為了貪圖財產而來；在他們眼裡，我就跟母親一樣勢利。的確，在民法上我有繼承權，而我母親也確實騙走了父親許多錢。但每次見面，我還是希望可以從他們身上獲得一點點除了「既定事實」以外的親情，單純以一個兒子的身分去看看自己的父親過得好不好。無奈的是，在父親的認知中，除了金錢動機之外，找不到第二個我會去拜訪他們的理由。

由於母親過去多次改嫁，小小年紀的我周旋在許多「爸爸」之間，加上父親長期的不諒解，當時的親子關係可說是分崩離析。我也愈來愈抗拒去面對自己的生父，久而久之，便不想去找他了。

我已經忘記最久一次是多長時間沒見到父親，但我永遠記得，有一天晚上我突然想見父親，便藉著一點酒意去敲了父親的家門。結果出來應門的父親對著我上下打量一番，問我要找誰。

「爸，我是國春。」

當時在門口對著親生父親自我介紹完後，我聲淚俱下。我始終記得父親那張逐漸老去的臉，而父親對我正值成長期的輪廓卻感到相當模糊。八點檔才會出現的劇情，過去一直在我們的家庭中真實上演。

謝謝你終於用「心」認識我

與父親見面的次數非常少，情感的聯繫也只維持在最低限度而已。那天掛上護理師的電話，匆忙趕到醫院，久未見面的父親說的那句「你來啦！」反而讓我感到放心。

就像許久不見的老友，輕聲問候一句「別來無恙」，一切都是如此自然，彷彿這樣的場景是可以預期的。因疾病導致視力愈來愈模糊的父親，也在那段時間將我的輪廓看得愈來愈清楚，一直到他離開這個世界，都沒有忘記過我是誰。在醫院短短一個多月的相處後，父親終於願意用「心」來認識我這個兒子，也不再把我視為一個貪圖他財產的人。

壽數是無法控制的。每次有機會見面時，父親總在感嘆自己再活也沒幾年了，他可能從來沒想過，先走的都是別人。他的老鄰居走了、老鄉走了，甚至老伴也比他早走了一步，而他活到九十歲高齡。

原本以為比父親年輕許多的阿姨會照顧他到終老，再以配偶的身分繼承遺產，靠著父親為數不多的遺產安度晚年。可誰也料想不到，某天阿姨一如往常地在住家附近散步，卻被疾駛而過的摩托車給撞去天堂。

阿姨過世後，父親成為獨居老人也有一段時間，我竟然完全不知道。後來，父親因罹患肺腺癌住院治療，他才告訴我。那是我第二次，也是最後一次前往醫院照顧已病入膏肓的他。

這樣的人生值得嗎？

當時在醫院照顧父親時，我的兩份工作都必須中斷。身為家中唯一的經濟支柱，每日感到無比焦慮。說句實在話，那時我甚至希望父親趕快從病床上解脫，這樣對彼此都好。

阿姨還在世時，父親為了讓她安心，早就把房子先贈與給阿姨，沒想到她卻先走了。由於阿姨在湖南還有兩個小孩，他們同樣有繼承權，但辦理遺產繼承非常麻煩。

父親可能覺得對阿姨有虧欠，便透過退輔會（國軍退除役官兵輔導委員會）的榮民服務中心幫忙簽寫保證書，請阿姨湖南的小孩先放棄繼承權。待父親將房子出售後，再將售屋所得的數百萬元及肇事機車強制險的理賠金，一併匯給阿姨的兩個孩子。

當兵超過四十年的父親，名下已沒有任何不動產。住進醫院之前，父親透過榮民服務中心的幫助，在醫院附近租了一間套房，打算就這樣度過餘生。父親身上發生那麼多事情，我都一無所知，最後還是榮民服務中心的一位大哥，把這些切結書、資料轉交到我手上，我才得知實情。

「這些是你父親的東西，現在可以交給你了。」

我從這些資料中重新認識父親。當父親躺在病床上睡覺時，我常看著他粗糙的手發呆，在心裡反覆問他：「這樣的人生，值得嗎？」

積攢的錢，誰來用？

一輩子勤勤懇懇，當兵當了四十年，六十歲後退伍，還去住家附近的工廠上班，在生產線上做著鎖緊上蓋的工作，導致雙手出現板機指的職業傷害，大拇指的關節變形已不可逆。

在工廠待到無法再待之後，他就去學騎摩托車。後來買了台摩托車，不是為了交通方便，而是想要更有效率地撿拾資源回收物。就這樣，在法定早該退休的年齡，父親依然每天騎車出門撿拾回收物變賣，直到雙眼視力已逐漸看不清，不敢騎車，才真正退休。

父親一輩子刻苦耐勞、努力工作，錢都不捨得花在自己身上。記得父親在醫院做化療時，因為會掉髮，決定先全部剃光。我找來專門到病房剪髮的理髮師為父親剃髮，一次服務要五百元。過程中，父親一直問多少錢，我騙他說因為榮民有補助，所以只要五十元。

之所以騙他，是因為我知道如果實報的話，我跟理髮師一定會被父親痛罵，甚至被趕出病房，所以只能虛報。這是善意的謊言，我想，父親此生最後一次剪髮，五百元並不貴。

父親省吃儉用，但錢都奉獻在別人身上。很多年前，母親夥同朋友跟父親「借」了數百萬元，結果那位朋友至今下落不明。此外，他將當兵四十年才積攢到的透天厝出售，所得的錢全部贈與給配偶的小孩，只為給他們一個交代。

人生無常，任誰也想不到，父子倆過去關係如此疏離，生命的最後階段，在病床旁照顧他的，卻是曾被他拒於門外唯一的兒子。而那些曾拿到父親許多好處的人，不但沒出現過，可能連父親過世了都不清楚，因為那根本不關他們的事。

這樣的人生值得嗎？到底，怎樣的人生才值得呢？

父親與炸彈麵包

有一次，載著一位神情慌張的乘客趕往醫院急診室，原本急如星火的車速，在乘客哽咽的一句「不用再趕了，慢慢開就好」落下後，我放緩了車速，記憶也倒退回幾年前父親剛過世時的場景。

殯儀館的師父口中唸著我聽不懂，也不打算聽懂的經文。他唸著唸著，突然回頭對我說：「來，你還有什麼話想對父親說，現在趕快說，等等就要進冰櫃了。」

我握著父親的手，將頭靠在他耳邊，輕輕地對他說：「爸，這一個多月以來，謝謝你讓我在醫院照顧你，謝謝你在我面前斷氣，沒有遺憾了，沒有遺憾了！」

我不停地流淚，想起人生至今不斷在追趕，並且在追趕的過程中錯過了很多；還好，還好我沒有連父親的離世也一起錯過了。

拚命三郎如我，在父親離開後，開始學習將前進的腳步放慢，再放慢，也不再那麼執著於追求理想目標，那麼使命必達。當然，我不是毫無理想與憧憬，但我知道目標一直都在那裡，一年後、十年後、若干年後，即便沒達成，它依然會在那裡等我，無論時間長短，任何時候都有它實踐的價值。然而，同時我也了解，有些東西一旦錯過，就是永遠錯過了。

當時我放下工作，在醫院照顧父親一個多月，陪伴父親走過心跳驟停的那一瞬間，心中總覺得還是有些什麼缺憾。我時常在想，如果死亡是一個人的結局，那父親的結局，有沒有可能再完整一些？

炸彈麵包的願望

在父親生命倒數的最後一個星期，某夜，他不知哪來的力氣，突然從床上跳起來，神情緊張地喊著我的名字，雙手還比劃出一種「球型」的手勢。半夢半醒之間，我趕緊起身，問父親是不是哪裡不舒服，還是有什麼需求。

結果父親用他孱弱的氣音跟我說：「我想吃炸彈麵包。」

這只是一件稀鬆平常的需求，但在凌晨的時段提出來就顯得有些莫名其妙了。我還是順從父親的意願，前往醫院樓下的便利商店尋找炸彈麵包。無奈，當時那家便利商店並沒有炸彈麵包，只有菠蘿麵包，我索性就先買了回去。

「爸，這麼晚了沒有賣炸彈麵包，你先吃菠蘿麵包，明天早上我再去幫你買炸彈麵包。」嘴上雖這麼說，但一直到父親離世，我都沒有買炸彈麵包給他吃。一個小小的要求，最終卻成了父親的遺願。

很遺憾，沒能好好與你道別

在父親生命倒數當晚的最後幾個小時，他突然想站起身，我瞥見後趕緊過去攙扶。不料父親拿起床邊的拐杖作勢要打我，並對我咆哮：「走，你走，我不用你來照顧。」

那時我犧牲工作獨自一人北上，住在醫院照顧父親，沒有收入，沒有時間陪妻小，做了那麼多卻還是遭父親討厭，甚至要拿拐杖趕我走。當下壓抑已久的情緒終於爆發：「你要拿拐杖打我，你打得過我嗎？我不照顧你，還有誰能照顧你？」

我無暇顧及其他床的病友，失控地大聲咆哮。發洩完後，聽見護理站有人員廣播說：「〇〇病床家屬情緒失控，趕快協助。」

不多久，好幾個護理師趕來，用哄小孩般的口吻安撫父親：「伯伯，你要乖乖躺好喔，你如果亂動，身上的管子會掉，這樣很危險，你要聽兒子的話，他照顧你也很辛苦耶！」

在護理師的安撫下，父親才終於乖乖聽話，配合指示躺好，只是他這一躺，就再也沒有醒過來了。父親一路從病床躺到太平間，躺到殯儀館，躺到冰櫃，躺到羽化館，最後，變成一罐粉末。

我常在想，如果當時我知道那是父親在這個世界上的最後一星期，我會不會找遍所有麵包店也要買到他想吃的炸彈麵包？如果我知道父親拿拐杖趕我走的那一晚，是他生命的最後一晚，我會不會站在那裡乖乖地讓他打，或是好好跟他說幾句話，或是什麼話都不說，只是無聲地抱著他？

在殯儀館裡我對父親說：「沒有遺憾了！」其實我只是認為父親的離開沒有遺憾，可留下來的我卻有一些遺憾。因為我發現，重點不是我有沒有參與他心跳驟停的最後一刻，而是在那之前我們有沒有好好道別。我很確定自己沒有，在父親臨終的記憶裡，似乎只留下我憤怒咆哮的畫面。

在你眼中，我究竟是一個怎樣的兒子？

如果真的有機會可以與逝去的至親對話，我好想問問父親，在他的眼中，我究竟是一個怎樣的人、怎樣的兒子？我好想對他說，雖然他沒有參與我的人生太長時間，但在我的眼中，他一直是一位很棒的父親！我多麼想心平氣和地跟他坐下來，好好說話。很遺憾，我沒有那個機會了。

父親重病時的不可理喻，似乎在他離開以後，變得合情合理。一個人走了以後，是非對錯根本不重要，重要的是，他走了、離開了。在有生之年，我不會再有機會，像曾有過的幾次那樣，與他坐在客廳泡茶，聽他拍桌大罵政治人物的不是；他也不會在同一張餐桌上，一直逼我多吃一點我討厭吃的菜……，每當滿滿的思念無處安放的時候，它總會變成淚水奪眶而出。

父親離開後，我再次長大，不再為了追尋夢想而變得目中無人。有時候，放慢腳步反而可以走得更遠，沿途的風景也更為清晰。人們總習慣大膽追求遙不可及的夢，而忽略了身邊平凡的美好；直到大夢初醒後，才發現身邊平凡的美好已經變得遙不可及。

老蕭．寶貝．便宜老爹

父母是在我六歲那年離婚的，但離婚前，他們的婚姻關係早已有名無實。當時我年紀還小，不曉得他們離婚的具體原因是什麼，只知道在母親的口中，父親一直是個不稱職的老公。母親這一生當中，結過許多次婚，在她的眼裡，跟她結婚的老公，都不是好老公；她認定為好老公的男人，都沒跟她結婚。

有一位男人是她真心喜歡且認可的，那個男人姓蕭，我都叫他蕭叔叔。母親剛認識他的時候叫他「老蕭」，熟了之後改口叫「寶貝」。為何覺得母親是真心喜歡老蕭的呢？可能因為老蕭是唯一被她暱稱為「寶貝」的男人。

老蕭大概在我即將升國小時與母親相識，他們當初是如何認識的？我已不復記憶，只知道蕭叔叔走入我的家庭之後，我們的生活品質，包括經濟狀況、受霸凌的問題都改善許多。

老蕭出現後，我跟媽媽便從原本租的老舊樓房，搬到嶄新明亮的三房兩廳，那是蕭叔叔出錢買的。搬入新家後，蕭叔叔時常步行近兩公里來我們家作客。每次他都會熱情地跟我打招呼，有時還會給我一些零用錢。小孩子很容易被物質收買，所以我跟母親一樣很喜歡蕭叔叔，也在蕭叔叔身上找回當時缺乏的父愛。久而久之，蕭叔叔來我們家的次數愈來愈頻繁，經母親三番兩次勸說後，他終於搬來跟我們同住。

蕭叔叔是一位傘兵，軍階是上士，他會在房間的床頭櫃上擺放自己的軍裝照。相較於我的生父，蕭叔叔的軍階較低，沒有升上士官長，但財產相當可觀，因為當時他都將錢拿去買台股。

由於蕭叔叔退伍後孑然一身，沒有子嗣，他對我視如己出。除了抽菸之外，他也沒有其他不良嗜好。

銅板價的「爸爸」

蕭叔叔平常相當節省，就連洗澡也不在家使用現代的沐浴設備，而是提著水桶、盥洗用具，每天下午步行幾百公尺到附近的「榮民工廠大澡堂」，跟一群退伍的外省伯伯一邊洗澡一邊聊聊當兵的過往，到了傍晚才回來。

有時，蕭叔叔會在家跟我一起洗澡。我們都習慣洗澡前刷牙，我總見到他將假牙拿下來刷，然後漱口。他口含著水，將頭仰起，嘴巴微張，發出「咕嚕咕嚕咕嚕」聲。我不知道對清洗口腔有無幫助，但這種漱口方式，就是他教我的。

蕭叔叔雖然節儉，卻很願意花錢在我們身上。當時媽媽叫我喊蕭叔叔「爸爸」，每當我喊聲「爸爸」時，他會開心地拿些銅板給我，而我會用這些錢去附近的電子遊樂場打電動。當時還不懂這一聲「爸爸」有什麼含義，我只知道，照著大人的吩咐做，他們就會很開心；而我在物質上得到滿足，也會很開心。

蕭叔叔還有個對發票的嗜好，每到發票開獎日，他就會拿起放大鏡盯著發票，一張一張細心核對號碼。當時開發票的商店還未普及，收集到的發票並不多，儘管時常「損龜」，蕭叔叔仍樂此不疲。

不是親爹，更勝親爹

上小學後，我開始沉迷於大型電玩，總喜歡到住家附近的電子遊樂場玩，時常超過晚上八點才回家。基本上，母親是不會管我的，但自從蕭叔叔搬來跟我們同住後，他開始會管教我，軟性要求我不要每次都打電動打到那麼晚回家，但我總是沒有理會。

有一晚，蕭叔叔特地到遊樂場來，打算帶我回家，甚至對著遊樂場老闆大呼小叫。老闆剛好喝了點酒，就與蕭叔叔發生爭執。兩人從室內吵到室外，最後在路邊上演全武行。當時蕭叔叔六十多歲了，面對四十幾歲、喝過酒的壯年男子，根本無力對抗。蕭叔叔被推倒在地，頭破血流，而我只能在一旁哭。當媽媽趕到現場後，拿起畚箕要跟老闆搏鬥，最後連塑膠畚箕都打爛了，也沒有傷到老闆分毫。

我看著倒在地上、頭部流血的蕭叔叔，先是過度驚嚇而一直哭。稍微冷靜之後，突然想到要報警，於是趕快衝回家，拿起電話撥打一一九。沒錯，因為我記反了，打的是一一九而不是一一〇。接電話的人問我要做什麼，我只是一直哭著說要找警察叔叔，接線員還幫忙將電話轉到警察局。

那晚的鬧劇是怎麼結束的，我已不復記憶；只記得隔天一覺醒來後，大人們都誇我很懂事、勇敢，還會打電話報警。

三百公尺外，回不了的家

自從那次事件之後，遊樂場老闆在我媽的口中多了一個新稱號，叫做「不得好死」；此外，只要一放學，我就被限制一定要到鄰居兼保母的家，待到晚上九點才能回家。也是從那時候開始，我對媽媽及蕭叔叔產生許多不滿。不懂我媽為何寧願每週花一千塊，也要把我「寄放」在保母家。我非常討厭待在保母家，過著寄人籬下的生活，明明離自己家不到三百公尺，卻不能回去。

平日，母親會在天亮後叫我起床，送我去上學，接著得到晚上九點後我才會看到她。通常，我從保母家自行走回去，到家後敲門，媽媽出來開門便轉身逕自去睡覺了。這就是當時我跟母親僅有的相處，更諷刺的是，這已經是我至今與母親相處最密切的時光了。

某天，一如往常地，蕭叔叔去榮民工廠大澡堂洗完澡，回程經過保母家時剛好看到我，向我揮手打了招呼，但我沒有理他。後來，這樣的情景幾乎每天上演，被「寄放」在保母家的我變得鬱鬱寡歡，根本不想跟大人們說話。每次看著蕭叔叔提著水桶落寞離去的背影，我總是嗤之以鼻：「哼！又不是要來接我回去的。」

來不及說再見

某天揮手招呼之後，再見到蕭叔叔時，他已經成了一具冰冷的遺體。事後我才知道，那天蕭叔叔回家坐在沙發上看晚間新聞，突然心肌梗塞走了。大人們總說：「能以這樣的方式離開是很有福報的。」但我總覺得有那麼一點落寞。

我在太平間守著蕭叔叔的遺體不發一語，看著大人們忙進忙出，也不知道過了多久，我跟媽媽說：「媽，我肚子餓了。」

媽媽比了個「噓」的手勢，對我說：「不能在蕭爸爸面前講這種話！」

我不解為何不能講，難道活人不用吃東西嗎？媽媽從錢包拿了張百元鈔給我，叫我自己買東西吃。我遊晃到醫院附近的便利商店買了些點心果腹，然後走回太平間繼續陪伴蕭叔叔。

眼前的景象與經歷，對國小三年級的我來說，都是第一次，我竟沒有感到一絲害怕。有時，我會仔細看著蕭叔叔毫無血色的臉；有時，我試著戳戳他的手臂，看看有沒有反應。我甚至趁大人不在的時候，突發奇想，將稍早去便利商店買東西的發票放在蕭叔叔的手中，讓他握著。我知道，蕭叔叔生前最喜歡對發票，我不知道能送什麼給他，只好送張發票，希望蕭叔叔能記得我。

後事進行到清洗大體及更換衣物時，工作人員跑來跟母親反應，說亡者的一隻手握得很緊，怎麼扳都扳不開；費了九牛二虎之力扳開後，發現他手中竟緊握著一張發票。媽媽回過頭望向我：「國春，你有在蕭爸爸手中放發票嗎？」我搖搖頭。這讓大人們以為神蹟出現——蕭叔叔顯靈了，於是開始拿著發票討論下一期大家樂要簽的號碼。

價值八十萬元的風光大葬

媽媽花了不少錢，請葬儀社風光辦理蕭叔叔的告別式。蕭叔叔在台灣沒有親人，只有我媽跟我而已。明明可以一切從簡，但媽媽硬要舉行盛大的喪禮。靈堂裡擺放著五十多張座椅，結果來參加的人寥寥無幾，坐不到五分之一，到場的都是我媽的朋友。

告別式上，請了孝女白琴來號喪。我跟著母親披麻戴孝，跪爬到靈位前，孝女白琴哭得慷慨激昂、涕泗滂沱，時不時還在我耳邊小聲說：「哭啊！叫爸爸啊！」我除了驚嚇以外，完全不知如何是好，根本流不出眼淚。

蕭叔叔是戎馬一生的外省軍人，有些國語都聽不太懂了，孝女白琴唱的還是他完全不懂的台語。母親很驕傲地對在場的朋友說：「我花八十萬辦這場喪禮，讓老蕭走得風風光光的。」但她沒提到老蕭生前將上千萬財產給她的事。從當時那場喪禮，不難看出母親已經替自己日後「爆發戶式」的揮霍無度埋下禍根。

老蕭走了，在結束一場「風風光光」的告別式後，真的走了。母親將他的骨灰安放在中壢某個靈骨塔的塔位裡面。起初，媽媽三不五時帶著我去祭拜老蕭，日子久了之後，祭拜的頻率就像老蕭留下來的遺產一樣，愈來愈少，愈來愈少，最後一毛不剩。

幾年後，媽媽改嫁了。老蕭對我來說，彷彿人生中的過客，即便我曾經喊過他「爸爸」。

最後的致意

蕭叔叔：

那時候，你花了幾秒鐘就一走了之，我卻用了好多年適應你的離去。當我終於習慣沒有你的日子之後，才發現自己有限的記憶體中，早已替你預留一個位置。

不知道該如何報答你對我們的恩情，我把你寫進書中。曾經，有位慈祥的叔叔走進我的家庭、豐富我的生命，讓我擁有幾年幸福完整的生活。

謝謝你，老蕭。

另一個便宜老爹——劉伯伯

夜晚，劇烈搖晃的車內，一對男女發生嚴重口角。

女：「我不想跟你吵。」

男：「妳到底想怎麼樣？」

女：「我說過不要開那麼快。」

男：「乾脆大家都不要活了！」語畢，男子重踩油門。

車速飆高，腎上腺素也隨之飆升、心跳加速，坐在後座的男孩不知所措，一邊緊握扶手，一邊想著：「今天能夠平安回家嗎？」

男孩連祈求上天保佑的力氣都沒有了，只是靜靜地閉上眼。也許這是最後一次，不是前方這對男女的爭執，而是與他們一起坐在車裡，車子可能會失速滾落旁邊的山坡，又或者打滑撞到路樹，三人都將死於非命。

突然，一陣尖銳的摩擦聲劃過男孩的耳膜，車輛因重踩煞車而急停。當時並未強制繫安全帶，男孩因反作用力撞上前方的副駕駛座，人仰馬翻。撞擊的當下，整個世界都安靜了，一股疼痛在他的體內咆哮、亂竄。暈眩之際，他的腦海閃過一個念頭是：「我死了嗎？」他慢慢從昏沉中醒來，試圖在突如其來的一片黑暗中尋找答案，夜晚依然寧靜。

髒話罵醒失心漢

這不是別人的故事，而是小時候讓我記憶深刻的場景。

「× 你娘 ×× 咧！開什麼車啊？」一個男子拉下車窗，在不遠處對著我們咆哮。

劉伯伯連連低頭賠不是，陌生男子不甘願地離開。待男子開車揚長而去後，劉伯伯關心起車上的我們有沒有受傷。人真是一種奇怪的動物，會因小小爭執而失去理智，卻在發生巨大災難後重新找回理智。事後關心有用嗎？為什麼要開快車？為什麼要一直吵架？這些問題我一直擱在心底沒有說，因為大人吵架根本沒有我過問的權利。

我要感謝那個「咆哮男」，在經歷這起有驚無險的事件後，劉伯伯不再失控開快車。不管是因為「咆哮男」的破口大罵，或是差點對撞帶來的震驚，總之在我記憶中，劉伯伯沒再開過快車。

事件起因於雙方在沒有交通號誌的路口都開得很快，導致差點相撞，幸好悲劇並未發生。只是明明雙方都有不對，為何劉伯伯要跟「咆哮男」認錯呢？也許是因為對方看起來一臉凶神惡煞，雙臂滿滿的刺青。

劉伯伯是誰？

蕭叔叔走了以後，我跟媽媽頓時少了一個可以依靠的男人，當時我跟她都需要一個男人。媽媽需要可以互相扶持的伴侶，而我需要可以依靠的父親。只是，有沒有男人會再度走進我的世界，不是我可以決定的。媽媽可以為愛選擇她想要託付終身的老公，我卻不能選擇誰來當我爸爸。

大約在我國小五年級時，劉伯伯走進了我們的生活。劉伯伯也是一位老兵，年過花甲，退役後開計程車賺錢。當時有非常多退伍軍人都以開計程車為業，發展出事業第二春。畢竟在軍旅中待習慣了，不是每個人都可以重新適應職場生活，因此開計程車成了老兵與社會接軌的最佳途徑。當時政府成立「榮車中心」，主要就是服務以計程車為業的榮民及榮眷營業上的相關事務。

劉伯伯有一張西方人般的面孔，五官相當深邃，年輕時應該非常英俊。曾有一次他拿東西到學校教室給我，同學們都好奇地問：「那是你爺爺嗎？」「你爺爺是外國人嗎？」「他長得好像外國人唷！」當時我不知道該如何回答才好，我確定劉伯伯不是西方人，但也不知道他是中國哪個省分的人。另外，他並不是我的爺爺，媽媽要求我叫他爸爸。我不怪同學誤會，在國小準備升國中的年紀，父親通常是四十至五十歲左右，我的父親卻「都」六、七十歲了。特別加上一個「都」字，是因為大部分人的父親是「單數」，而我的卻是「複數」。

誰讓我的生活變得如此混亂？

其實，我並沒有很喜歡劉伯伯，所以每次媽媽叫我喊他爸爸的時候，我都蠻抗拒的。一則因為當時已經快升國中了，總覺得不應該輕易喊人爸爸；二則可能我當時還沉浸在蕭叔叔過世的悲傷中。

我不喜歡劉伯伯還有另外一個原因：當他走入我們的家庭之後，媽媽開始變得鬱鬱寡歡，時常在半夜與劉伯伯發生劇烈爭吵。爭吵的具體內容是什麼，我並不清楚，但有時我會看到媽媽半夜一個人坐在客廳躺椅上，抽著她根本就不會抽的菸，也就是俗稱的「抽假菸」。她並沒有真的把菸吸進肺裡，只是含在嘴中再吐出來。有時候她還會喝著一杯不知道從哪弄來的洋酒，但她並不愛喝酒。

也許對媽媽來說，這類「不良嗜好」是很好的情緒轉換；又或者媽媽只是單純想讓劉伯伯知道，「我心情不好，我在傷害自己的身體，快來關心我。」有時劉伯伯見狀會示弱安慰媽媽，將她請回房間睡覺；有時劉伯伯會負氣離開家，自己開車出去，消失一段時間之後才回來。

最怕的就是他們在車上發生爭執，因為只要在車上發生爭執，劉伯伯就會開快車，一如開頭描述的場景。當時我總感覺，劉伯伯走入我們的家庭之後，我似乎沒有得到什麼，反而失去更多。

蕭叔叔剛過世那幾年，我跟媽媽從原本居住的平房搬到學區附近的三樓半透天。劉伯伯出現之後，我們又從透天厝搬回原本的平房。剛開始租的是一戶三房兩廳的房子，但每況愈下，最後，我們又搬回剛到中壢時住的老舊樓房，也是租的。

從國小到國中，是我跟媽媽相處最久的時期，但即便如此，也都是在不斷的變動中度過。在一條不到一公里長的巷子裡，我們就搬了三次家，換過三次住所。我不曉得是誰讓我的生活變得如此混亂，只知道劉伯伯來我家之後，家裡變得不太安寧。無知如我，將原因歸咎於劉伯伯；他的出現，對我來說無疑是一場災難。

他不是我最喜歡的爸爸

劉伯伯不是我最喜歡的爸爸。在幾個爸爸當中，他是唯一沒有掉頭髮且最重視形象的人。他總穿著乾淨的襯衫，並且用長輩常用的髮雕將頭髮梳理得很整齊。當時他所梳的油頭造型，就算用現在的審美觀來看也是非常時尚的。此外，他還是幾個爸爸當中唯一會開車且有車的人。

劉伯伯常常開車帶媽媽出去，因為大多不會帶上我，所以我也不知道他們都去了哪裡。印象中，我只跟過幾次他們在晚上的活動，包括沿著濱海公路行駛，經過關渡大橋後到十八王公買肉粽並拜拜。

對一個家庭來說，有車子自然相當方便，是令人開心的事情，但對我來說有些悲傷。因為自從家裡有車之後，他們兩個幾乎每天都往外跑，也很少會帶上我。當時覺得大人們都好忙，我每天只能待在保母家，直到晚上九點才回家，跟父母相處的時間也所剩無幾。這樣的日子，一直到我升上國中後才改變。

因為親子關係疏離，再加上青春期，我開始對他們產生排斥感，並且跟媽媽清楚表明我不願意再去保母家。升上國中後，媽媽終於答應我的要求，我內心封印已久的不安分基因徹底解放。我變得非常叛逆，也結交了不少邊緣人朋友。下課後若不是泡電子遊樂場就是泡網咖，零用錢花完了便在家玩ＰＳ到通宵。隔天起得來就去上課，起不來就索性蹺課，反正根本不會有人管我。

原來，這才是真相

某天晚上，我一如往常地廢在家裡玩ＰＳ。當時迷上一款忍者遊戲叫《天誅》，玩到一半時，劉伯伯罕見地走進我的房間，坐在床邊，語重心長地對我說：「國春啊！我跟媽媽對不起你，你媽媽沒有好好地教育你、照顧你，你才會像現在這樣不愛讀書，只知道玩。」

「現在講這些有用嗎？」我在心裡腹誹，眼睛繼續盯著電視螢幕。

「你媽媽太無理取鬧了，我一直不想跟她吵，希望可以平靜地好好生活下去。但沒辦法，你媽媽每天都在鬧，吵著要我把退休金的優惠定存解約，說是要拿那筆錢去做生意。我當然不肯，因為那是我的老本，解約了就什麼都沒了。」劉伯伯嘆氣。

我盯著螢幕沒說話，繼續玩著遊戲，但心早已不在遊戲中。

「你媽太愛賭了，每次開車載她出去，就是去賭博。她要是去一般賭場也就算了，偏偏她去的都是她自認為是好朋友開的賭場。結果那些好友根本就是聯合起來騙她，跟她講她又不高興。有幾次，我看到她的好朋友故意把她脫在門口的拖鞋倒過來擺放，就是要讓她手氣背的意思，妳媽卻還是執迷不悟。」

我沒回話，也沒玩遊戲，因為遊戲中的我死了。

「國春啊！我要走了，但我不能帶你走，真的很對不起你，可惜你這個孩子了。」

當時我心裡想的是，終於要上演這一幕了嗎？劉伯伯要離開了，無法帶我走，然後會留下一筆錢給我，好彌補他的愧疚。無奈這個劇情我只猜對前面一半，劉伯伯真的走了，帶上他的行李沒帶上我，留下他的老人髮雕卻沒留下錢。

劉伯伯的底線

我永遠記得當時的那棟老舊樓房，我睡在三樓一處用木板隔出的小房間，裡面有一台箱型電視，地板上還有一台ＰＳ，一張單人床，以及坐在床上拿著遊戲手把的我，還有旁邊的劉伯伯。在那略顯擁擠的空間裡，劉伯伯赤裸地向我陳述了這些年他從未提過的「事實」；那些事實包含了無奈、不捨、懺悔、歉意。

當時我才驚覺，劉伯伯並沒有我想得那麼糟，我跟他的關係也不是一開始就不好。記得有一陣子我愛畫畫，還曾將他側身坐在椅子上的模樣，用素描的方式畫了下來，在旁邊寫著斗大的三個字「劉伯伯」，並將畫送給他。

劉伯伯其實也很聽我媽的話。比如我媽叫他不要再開計程車了，他就真的將車漆上藍色烤漆，此後不再開計程車；我媽想開泰國小吃店，他拿了一些錢出來買餐飲器具，但我媽做沒多久就不做了。

還有一次，我們一家三口到二輪電影院看電影。第一部是媽媽想看的電影，看完後我們沒有急著離開，坐著邊休息邊等第二部電影開播。結果第二部電影是英語動畫片，媽媽聽不懂英文，也看不懂中文字幕，於是劉伯伯在媽媽旁邊，一字一句地口述給她聽，只為了讓她明白電影內容是什麼。

當時坐在他們後排的我，覺得劉伯伯這樣的行為很蠢；但現在想起來，其實還挺浪漫的啊！有很多事，劉伯伯都願意配合我媽，甚至陪她去賭博；只有一點劉伯伯無法配合，那就是將退休的優惠定存解約。

照片中的男人與女人

那天晚上，劉伯伯手中提著一袋東西，裡頭裝有一些文件證明與照片，劉伯伯拿起一張照片看著，默默掉眼淚。照片中，一個老人家身穿非常老派的西裝，旁邊勾著一個濃妝豔抹的女子，兩人看起來非常不登對、不適配，畫面也非常不和諧。照片中的男人笑容可掬，女人卻略顯不耐煩，眉頭深鎖，那是劉伯伯與我媽不知何時跑去公證結婚拍的照片。

那天我第一次看到劉伯伯掉眼淚，也是我最後一次看到劉伯伯。

「那個男人」消失後，媽媽也跟著消失……

有一趟開車服務到一個醉酒並且搭霸王車的乘客，看著他在街邊醉吐、捶打店家的招牌，讓我突然想起國中時期短暫出現在我生命中的「那個男人」。

某個週末夜晚，母親煮了幾道下酒菜，將酒菜端上客廳的餐桌後，就在家裡忙進忙出，一下洗衣服，一下掃地，一下整理廚房。是不是所有的媽媽都一樣，煮完飯後不喜歡跟家人在飯桌上一同用餐，總是叫家人先吃，自己則是等忙完後才吃？

餐桌上，一個中年男子單腳翹在圓椅上，一手拿著酒杯，一手夾著菜，在微醺的狀態下試圖跟我聊天：「國春啊，聽說你在學校很壞唷！是不是還有抽菸跟喝酒啊？」男子的國語帶著濃厚的客家口音。

中年男子當時算還年輕，照理說應該要有份工作才對，但男子不僅不務正業，還時常陪著我媽到處跑，對她言聽計從。他成日裡若不是在我家喝酒，就是不知道在哪個地方逍遙。有時我媽會因為他這些行為而大發雷霆，但他總能利用花言巧語安撫我媽的情緒，順利解除危機。

「如果沒有我，你還能做什麼？」有次我媽在家對他怒吼。

那個男人安撫我媽說：「好啦！好啦！妳不要生氣。」

以啤酒向男人宣戰

也許因為正值青春叛逆期，對家裡的一切事物都充滿著厭惡；又或許因為我不想服從一個無論外在或內在看起來都相當沒用的人，即便這個男人從來沒管過我，我也對他始終沒有什麼好感。對我來說，他在這個家裡就是一個多餘的存在。

在飯桌上，我並沒有回應那個男人的問題，只是靜靜地邊吃飯邊發呆，打從心底不想理他。因為我的冷漠，讓他心裡很不是滋味，突然將一個玻璃杯放到我的碗旁邊，然後在杯裡倒滿啤酒。

「來，你不是會喝酒嗎？陪我喝一杯。」男人說話了。

我不予理會，繼續低頭吃著飯。這時媽媽終於忙完家事，甘願坐下來跟我們一同用餐。有媽媽在就可以避免過多的尷尬，畢竟跟一個生活在同屋簷下的陌生人相處，實在讓我不知道該說些什麼才好。其實他大可不用那麼熱情地討好我，只要安安靜靜地吃飯就好。我原本以為有媽媽一同用餐會緩解尷尬的氣氛，但直覺告訴我，氣氛即將變得更嚴肅。

「國春啊！」媽媽用語重心長的口吻喊我的名字，讓我頓時感覺事情不太妙。

「嗯？」

「你以後要叫這個叔叔爸爸，知道嗎？」我媽看著我。

我知道，爸爸這個稱謂，不應該喊得那麼廉價；我還知道，「爸爸」這一聲稱呼，應該要建立在真實的關係上才對。所以我拒絕，但我拒絕的方式並不是直接回覆「我不要」，而是舉起他剛才倒滿的酒杯說：「喝啊！你不是喜歡喝嗎？」話說完，我將酒杯裡的啤酒一飲而盡。

「好！好！」那個男人的神色間充滿歡喜，隨後拿起酒杯將酒喝完，接著打算再幫我倒酒。

「不用倒了，我不習慣用杯子喝。」我起身走去冰箱拿了兩瓶啤酒出來，用打火機的底部將啤酒蓋打開：「我習慣這樣喝。」

不到一分鐘，我就將整瓶啤酒喝完，這是所謂的「採罐」。那個男人驚嚇地看著我，沒有動作。

「喝啊！你不是很愛喝嗎？」我從桌上拿起一根菸點燃，開始抽起來，眼看男人無動於衷，我又接著將另一瓶啤酒也「採罐」，男人啞口無言。

「如果你不能喝的話，就他媽不要找我喝。」我站起身，往大門的方向離去。

媽媽喊我：「國春，回來，你要去哪裡？」

「我去找朋友啦！」

是自力更生還是自生自滅？

那晚，我並沒有回家，而是找了其他朋友到鄰居家繼續聊天喝酒；聽說之後還相約到KTV唱歌，實際上有沒有去我並不知道，因為那一夜的記憶已全部斷片。

等到我有記憶的時候，已經是隔天早上了。我睜開模糊的雙眼，發現自己竟睡在自家附近小巷的電線桿旁。正在晨間健走的老人家經過我身旁時，看著我直搖頭，但他並沒有扶我起來的意思緩緩離去，似乎對我脫序的行為早已司空見慣。那時候我每天都這樣渾渾噩噩地過日子，也跟眼前這位醉生夢死的乘客一樣。

以前，早上上學前叫我起床的不是鬧鐘，也不是夢想，而是我媽；不知從何時開始，上學前叫我起床的不再是我媽了。我必須自己打理自己的生活，必須獨立，可是我並沒有準備好要獨立。太多的理所當然在一瞬間被剝奪了，與其說是為了讓我學習自力更生，不如說是被命運無情地下放到黑暗深淵，任由我自生自滅。

原本每天上課前，母親還會親手交給我一百元的零用錢，再讓我出門；後來，母親不常回來，她便在餐桌的杯具底下壓一張一千元鈔票。那是我一整個星期的生活費，也是當時跟母親唯一的交集。

移情，淡化不了我的感受

我非常討厭那個男人，因為我當時總認為是他將我母親帶走，帶去我不知道的地方，棄我於不顧。我在人生的軌道上走偏了，沒人可以從旁提醒我、拉我一把，於是我愈走愈偏、愈走愈偏，直到我被學校認定為問題學生。

我不知道那個男人何時離開我家，就像當時的我常常不知道自己一覺醒來會在哪裡一樣。有時候一覺醒來是在暗巷中，有時候是在朋友家的沙發上，有時候是自家的床上，有時候是網咖的電腦桌上。

那個男人消失後，母親沒多久也跟著消失了。在他們從我的世界消失以後，家庭的屏障瞬間瓦解，我的行為日益偏差。我不知道是家庭改變了我，朋友改變了我，還是學校改變了我，或者，我根本就沒改變過？

我只知道，我討厭他，討厭那個男人。當時我天真地以為，藉由這樣的情感轉移，可以淡化我對母親的「恨」；但事實是，我花了很多年才真正釋懷。因為我比任何人都清楚，母親當時是因為好賭而輸光財產跑路的；那個男人只是因為母親沒錢而離開她。

如果，母親當初沒有一走了之，我應該還會住在桃園，跟著當時的朋友繼續廝混。母親的無情，讓我失去家庭的庇護，必須更獨立地去面對所有事情；而這樣的獨立，也造就了早點認清事實的我。

新住民母子生存之道

在我大約四、五歲的時候，父母正式分居。母親隻身一人帶著我從龍潭搬到中壢，租了一間老舊的房子，我們母子倆就在那間房子裡相依為命。

母親來自泰國，是早期嫁來台灣的新住民。她沒受過正規教育，目不識丁，每日在家裡做些家庭代工，賺取微薄的收入。剛搬到一個陌生環境，學齡前的我經常被鄰居家的小孩欺負。他們總嘲笑我媽是泰國人，並且喜歡搶走我的玩具、拖鞋，將它們扔到屋頂上取樂，然後一群孩子再笑鬧著離開。對鄰居大人來說，我們母子倆是「外來人口」，他們常常姑息自己的小孩對我做出霸凌的行為。

從小我就很能忍，被欺負也悶不吭聲。我總說服自己，這是他們跟我玩的一種方式，雖然開心的往往只有他們。某天，有個鄰居哥哥可能心情不太好，竟毫無來由地往我的肚子重擊一拳。我因劇烈疼痛幾乎無法站立，只能以雙手捧著腹部，默默地流下眼淚。那個鄰居哥哥不僅沒上前查看我是否受傷，甚至惡狠狠地瞪我一眼之後隨即離去。

菜刀，就是私法正義

回到家那一刻，我終於忍不住在媽媽面前哭了起來。當時正在做家庭代工的媽媽停下手邊的工作，聽完我哭訴剛才所發生的事情後，左手牽著我，右手拿著一把菜刀，就出門去找鄰居理論。

「出來！」媽媽對著鄰居家門口咆哮。

「出來！×的王八蛋，為什麼打我兒子啊？」媽媽不斷敲著鄰居家的門。半晌之後，鄰居哥哥的母親出來應門，只輕描淡寫地說，剛才是小孩玩在一起，不懂事不知輕重罷了，不是故意的。說完後也沒有叫那個打我的哥哥出來跟我道歉。事後，我透過鄰居家的窗戶，看到屋裡那個哥哥邊罰站邊哭，猜想他應該是被父母「修理」了。

記得媽媽離開前丟下一句：「你們敢再欺負我兒子試試看！」隨後就帶著我回家了。當我被霸凌時，我心中想著，我有什麼錯，為什麼他們要這樣對我？母親的潑婦罵街，以及她手上的那把菜刀，對我而言就是當時的「公道正義」。

幼小拳頭的反擊

回家後，媽媽並沒有同情我，而是跟我說，當我被打的時候應該要打回去，不用怕他，我的心情才因此平復不少。母親的教育告訴我，暴力是可以解決問題的。尤其面對霸凌時，千萬不要跟霸凌者講道理，因為他們既然會霸凌別人，就表示他們心中早已無道理可言。

後來又有一次，另一個鄰居哥哥對我說著不堪入耳的話：「你媽是妓女啦！哈哈哈哈哈。」待他講完，我一拳頭就揮在他鼻子上。從此以後，他再也不敢拿我媽開玩笑了。

當時，不只街坊鄰居霸凌我們，就連警察也時常來找我們的麻煩。某天，我坐在家門口，媽媽在客廳忙著家庭代工。一個騎著摩托車的警察經過我家，突然停下來，隔著大門「關心」起我媽，問我媽什麼時候要回泰國。

我媽只是笑著說：「沒有，沒有要回去。」

幫自己貼上護身符

這種三不五時的「關心」，讓我從小就對警察相當反感。當時我們母子倆在社會上算是弱勢，剛搬到新環境時，欺辱、打壓從來不曾少過。可是，當我們被鄰居欺負時，本以為警察可以替我們找回公道，結果不僅沒有，反而因為新住民的身分及語言隔閡，更讓我們感到孤立無援。即便警察來了，也總是「大事化小、小事化無」，哪來的公道可言？

當時還沒有「新住民」這個詞。人們總是在背後稱呼母親為「泰國仔」，「泰國仔」就成了我母親的代名詞。

對於當時幼小的我以及來自外地的母親而言，那種心情是無助的，明明沒做錯事，卻要像個做錯事的人一樣遭受不公平對待。當時母親手上的那把菜刀和我幼小的拳頭，就是我們面對不友善環境的護身符。

後來母親在我國三時一走了之，我徘徊在歧路口，幸好能在關鍵時刻覺醒，將自己拉回了正途。

你恨你的父母嗎？

開車服務到一位年紀輕輕就離家睡過台北火車站的乘客，讓我想起十幾年前的往事。

那時剛退伍不久，輾轉聯絡到五年不見的母親，才發現原來母親這幾年搬到高雄生活，正確的說法應該是跑路。母親可能積欠了許多賭債，必須離開桃園、遠離那些債權人，甚至是我。

十五歲時，有一天母親來網咖找我，問我要不要跟她走。我說：「不要，住這邊好好的，幹嘛要走？」結果我沒走，母親卻走了，再見面已經是我退伍後的事，距離她離開我有五年了。

那時服義務役的薪餉微薄，剛退伍的我不僅身無分文，也沒學歷，對未來感到茫然，不知何去何從。我想，既然聯絡上母親，就應該盡釋前嫌，搬過去高雄跟她一起重新生活，或許在經濟上還可暫時仰賴她，畢竟我所擁有的只剩當兵前買的一台摩托車。

搬去高雄吧！反正，故鄉桃園已經沒有我的家了，雖然我還是不信任母親，但也沒有其他可以倚靠的親人。退伍後，我不想再回到當兵前那種出生入死、醉生夢死的生活。既然人都會成長，我能從當兵前的男孩蛻變成退伍後的男人，我相信，母親也會因為時間的推移而改變的吧？至少，當時我是這麼想的。

母親的籌謀

剛將行李安頓好，坐在椅子上休息時，母親問的第一句話是：「國春啊！你當兵退伍了嗎？」

當時覺得格外諷刺，母親本該是最熟悉我的人，竟然問我退伍了沒。當然，我自己對母親的情感也相當模糊，這幾年母親到底經歷了什麼？又為何搬來高雄這棟老舊公寓？我一無所知。

在高雄時，我住在一間老舊套房裡，母親並沒有跟我住在一起，而是住在其他樓層。雖然未同住，母親每天都會來關心我，並且拿兩百塊生活費給我。我拿到這些錢，就騎摩托車去附近的網咖包台，一邊上網找工作，一邊玩線上遊戲。

找工作與玩線上遊戲的比例大概是一比九，也就是說，大部分的時間我都在玩線上遊戲。都年滿二十歲退伍了，還在過這樣的生活，當時的我覺得自己很廢，真的很廢。明明知道這樣的行為相當幼稚且毫無前途可言，兩顆眼球就是離不開螢幕，離不開遊戲中的虛擬角色。

當時的我沒有學經歷，沒有人生目標，對求職也沒有什麼要求，總想著「有工作可以做就好」。我用一種卑微且消極的態度去面對自己的未來，結果一無所獲。我後來發現，並不是學歷低讓我找不到工作，而是學歷低產生的自卑心作祟，讓我無心找工作。

那時候，我將母親每天給的兩百塊生活費中的一百塊拿去網咖包台，另外一百塊用來解決肚子餓及交通（加油）問題。我們都以為退伍後的男人會變成熟，其實不然，有時候，時間或境遇並不會改變一個人，我是這樣，我母親也是。

在高雄的那段日子並沒有持續太久。有一天，母親開口跟我要身分證，詢問原因後，她說要用我的身分證去「生錢出來」。那一刻我才恍然大悟，原來母親敞開大門接納我，其實是別有用心的，她想利用我的身分跟地下錢莊借錢。

當時我沒說什麼，也沒交出身分證，卻立刻聯絡死黨，請他從桃園開車南下幫忙載行李，然後趁著半夜落荒而逃。在國道驅車北上的路途中，我還在煩惱自己到底該去哪裡落腳，打了電話給好多人求助，最後決定先搬去新竹，那又是另一個故事了。

原來那就是城中城

在高雄那段時間，是我退伍至今跟母親見面最頻繁的日子；離開高雄之後，我跟母親見面的頻率，都是以年計算。基於彼此的默契，有時親人也不一定要常見面，只要能在遠方透過任何管道得知對方的消息，知道對方安好就夠了。

離開高雄多年後，回憶已很模糊。一直到幾年前，在電視上看見高雄發生火災的新聞，透過新聞畫面的反覆播送，我才知道原來當年我住的地方就是「城中城」。那場城中城的大火中，有四十六人喪命，僅次於衛爾康大火，是台灣相當嚴重的一場火災。

所幸母親早已搬離那裡。她離開了城中城的老舊公寓，然後換租了一間又一間的老舊公寓。

現在，我已經不恨了

如今有機會到學校演講時，我經常會與學生們分享過去的生命經歷。某次演講快結束，一位同學舉手提問：

「你恨你的父母嗎？」

面對這突如其來的問題，我有些反應不及，畢竟大部分同學提出的問題多屬於玩笑性質。例如，我可以搭你的車嗎？我可以摸你的腹肌嗎？我可以看你的刺青嗎？每次聽到這些問題，我也總是以半開玩笑的方式回答。

由於當時快要放學了，為了不耽誤學生回家的時間，對於這個有點嚴肅的問題，我回答得不算很完整，但是我很明確地告訴那位國三學生：「我並不恨我的父母。」

回想起剛中輟學業的時候，因為母親的拋棄、父親的不聞不問，讓我不得不在許多地方流浪寄居，有時我睡在公園，有時睡在火車站，有時睡在宮廟，有時睡在鄰居朋友家。那時候，我常覺得自己是全世界最不幸的國中生！那時的我當然會恨，而且真的超恨的；我恨我爸，恨我媽，恨他們為什麼要讓我獨自承受這些。可是，一直到退伍、出社會工作、成家立業之後，我發現我的恨意已經淡化，甚至轉變為感謝。

因為我開始會站在父母的立場去思考，而不再把父母對孩子的愛視為理所當然。如果他們自己在成長過程中就缺乏愛，我又怎麼能夠奢求他們懂得愛並且付出愛？而且，就算我當時的家庭是健全的，我現在就一定過得好嗎？我發現，最終能讓自己變好的，也只有自己而已。

仇恨，是最沒有價值的一種情緒

這幾年，我一有空就會去看看母親，見面次數也不再以年計算。我會盡己所能提供孝親費，不問是非、不談對錯，只要知道她一切安好就夠了。多年來，我參觀過母親所住的許多不同的租屋處；然而，不管她換過幾個地方，屋況總是一樣，唯一不同的是，母親的容貌隨著時間愈變愈老。至於父親，早在多年前就只剩一罐粉末了。

我發現，當一個人走了之後，是非對錯根本不重要，他就是走了、離開了，繼續仇恨有用嗎？這幾年我領悟到：仇恨，是最沒有價值的一種情緒。

仇恨，對應「過去發生的事」，而不是「未來還沒發生的事」。過去無法改變，但未來可以創造。常有人說，「善良」是一種選擇，其實「仇恨」也是。與其繼續仇恨，不如放下過去的沉重包袱，才有可能披荊斬棘，無礙地往前走。

第2章

墜入黑暗深淵的少年

如果那天沒醉，我會不會去搶加油站？

嫌犯頭戴安全帽，身穿雨衣，騎著機車到加油站，先拿出槍枝要求工讀生交出金錢，但瓦斯槍故障冒出白煙，改持摺疊刀威嚇，工讀生才交出隨身的腰包。

員警：「這個空氣槍灌了瓦斯，因為故障，所以有漏氣……。」

警方指出，家住桃園的○姓男子，開著女友向別人借來的車輛南下苗栗，然後在偏僻的社區偷取一台機車，騎往加油站行搶，得手五千六百元之後，還把機車停回原地。

如此故布疑陣、自以為縝密的安排，反而露出更多馬腳。警方連夜以車追人，一天之內將人逮捕到案。

警方調查發現，○姓嫌犯有多項前科，也曾因為行搶加油站被判刑九年。出獄之後染上了毒癮，因缺錢吸毒而再次犯案。嫌犯自以為聰明，刻意使用他人的車輛

行搶，最後仍逃不過法網……。（節錄自二〇一五年九月四日《台視新聞》）

在電視新聞裡重逢

幾年前，與幾個朋友聚在KTV包廂內，但沒有人在點歌、唱歌，大家都專注地看著手機上的社會新聞。這則新聞最後的畫面，是搶匪雙手上銬，被執法人員移送警局的狼狽模樣。

一般人看到這則新聞，也許會覺得搶匪很「掉漆」，用假槍行搶也就罷了，偏偏在重要關頭還瓦斯漏氣，令人啼笑皆非。然而，在包廂裡看到新聞的我們，沒有一個人笑得出來，因為新聞裡的搶匪，正是以前一起出生入死的朋友。

新聞指出，這已經不是搶匪第一次犯案，過去他也曾因為行搶加油站被判刑九年。事實上，我很清楚，搶匪第一次搶加油站的當晚，我跟他就在董叔家喝酒，酒過三巡，因為不勝酒力，我在董叔家的沙發上昏昏睡去。那年我國三中輟，距今也二十多年了。

即便過了這麼多年，我還是常常問自己一個假設性的問題：如果那一晚我很清醒，沒有喝醉，我會不會拿個東西就跟著他們一起去搶劫了？如果我真的去搶劫，現在的人生會不會是另外一個劇本？那個劇本中的王國春既不是計程車司機，也不是粉絲頁作家，而是在囹圄中懺悔的受刑人，抑或是在社會上努力求生的更生人，甚至是繼續行走江湖、逞凶鬥狠的兄弟？

他不壞，他是我兄弟

曾經共患難的朋友，這麼多年沒聯絡，想不到竟是透過這樣的方式才得知他的近況。母親離婚後，帶著我搬去中壢，他就是當時的鄰居，所以我在很小的時候就與他相識了。他大我十來歲，我都叫他寶哥，事實上，他也待我如同弟弟一般。

剛搬去中壢時，我們之間並無太多交集，我對他的印象就是很愛玩車、改車，似乎沒有一份正當的工作。一直到我國中輟學後，成日無所事事，才開始跟寶哥、董叔幾個鄰居有了密切的交集。

因為當時我不懂輟學，還遭母親遺棄，我真正的家早就被母親輸掉了，而法定該扶養我的人也不知去向。當時我沒有尋求社會福利的支援，也沒被安置在機構裡，而是像寄生蟲般，輪流寄居在他們家。

一般人對於寶哥的評價，無非就是社會邊緣人、毒瘤、治安破口等；但對我而言，寶哥是恩人。即便當初寶哥自己也是兩袖清風，但再怎麼窮，起碼還有個擋風遮雨的地方可以住，而我卻連睡覺的地方都沒有。他時常收留我，我三餐不繼的時候，他也會接濟我，我對他有著滿滿的感謝。

沒有一輩子的好壞

過去，在經歷了那麼多事之後，我發現沒有一輩子的好人，也沒有一輩子的壞人。人有好有壞，差別往往在於你是在哪個時期、什麼情況下遇到他。就像我提到的董叔，對有些人而言，他是個溫暖的大叔，但其實他正是我媽口中「不得好死」的那個人。

沒錯，那個把老蕭打得頭破血流的電動遊樂場老闆，就是董叔。我也曾對他恨之入骨，可是在我媽賭博賭到身無分文，為了躲債直接人間蒸發的時候，卻是董叔接納了我。真正該照顧我的人無情地一走了之，她口中那個「不得好死」的人，卻為她承擔了部分的責任。

我很不喜歡去評論一個人的好或壞，我認為人這種生物是好壞並存的。也許是因為抱持著這樣的體悟，在面對社會上所謂的「邊緣人」時，我往往能有更多的理解與包容。

不同的選擇，不同的道路

很多人都疑惑我這一路上是如何走過來的，依照原生家庭的處境，我應該也會成為和寶哥一起搶加油站而上新聞的那個人。但是我沒有，我努力活出自己的一片天，成為一個兢兢業業、樂在工作的計程車司機。

我想，一部分原因來自於我深深相信人是可以「選擇」的。即便我的出身不好，環境不好，但我依然相信自己有選擇的權利。

人的任何東西都可以被剝奪、被阻擋，但想法不行。如果我常常抱怨自己家庭背景不好、沒有資源、沒有機會，一旦有了這樣的想法，其實我就已經做出我的「選擇」了。

那時候的寶哥也時常說自己是「人在江湖，身不由己」。這些身不由己，促使他犯下了難以彌補的錯誤；這些錯誤，只能用他自己多年的人身自由來償還。過去我常常把寶哥當成借鏡，引以為戒，因為我知道，若干年後，當我跟寶哥搶劫時的年齡一樣大的時候，我並不想要過著那樣的生活。

我依然相信，如果他們初次去搶加油站那天我沒有喝醉，沒有不省人事，我也不會跟著他們去；相反的，我會極力勸阻，避免憾事發生。寶哥做出了選擇，我也做出了選擇，二十年後，我們走在截然不同的人生道路上。

夜市裡的盜版人生

我國小的時候，市面上流行著街機、遊戲機等電玩。當時電動遊樂場林立，有些柑仔店也會在店內擺放幾台街機，提供顧客娛樂。剛升國中時，網路遊戲興起，街機電玩逐漸式微，傳統電動遊樂場一間間吹熄燈號，網咖則如雨後春筍般愈開愈多。當時家用電腦還不太普及，若想玩線上遊戲，許多人都會到網咖。

我國三中輟後，不用去學校上課，整天遊手好閒，不是在鄰居家喝酒聊天，就是跟朋友成群結隊在外面閒晃。一有錢就會去網咖包台，包台的行情通常是六至八小時一百元。因為非常便宜，網咖成為許多人消磨時間的最佳去處，但也逐漸變成了龍蛇混雜的場所。

即便網咖的消費相對便宜，但對於中輟而且沒有工作收入的我來說，也是一筆很大的開銷，因此我並不是每天都有錢可以包台。有時候身無分文，我也會去網咖看別人玩電腦而樂在其中。除了消磨時間外，也可以順便等待「工作機會」。

地下人力派遣中心

網咖除了是個龍蛇混雜的場所外，有時候還像一個人力派遣集中地。那些有人力需求的老闆或仲介，知道網咖常常聚集許多邊緣人、中輟生，或者無家可歸者，因此經常來此處「找人力」，提供賺取外快的機會。

在網咖得到的工作機會，基本上都不會是「正當」工作。比如，有人找我穿著黑衣黑褲去大哥的喪禮上「湊人數」，半天薪資五百元；也有人找我去大哥的婚禮上當招待，行情一樣是半天五百元。這些工作都還算正常的，畢竟只是去湊人數、撐場面而已。

還有些較不正常的工作，比如給我一千元，要我提供身分證借給對方使用；找我半夜跟著一起開車出去「撿」水溝蓋與電纜線，然後拿去資源回收廠變賣。前者很明顯是要找人頭，後者則是偷竊。當時即便很窮，我也沒提供身分證，或跟著去「撿」東西。

某天，一個叫阿進的大哥跑來網咖找我，問我要不要跟他一起去夜市擺攤販賣盜版光碟。當時我實在沒錢生活，索性就答應了。往後的日子裡，我白天泡網咖，晚上就跟著進哥一起出入夜市賣盜版光碟。

盜版產業鏈的地下經濟

在那個YouTube、MP3尚未普及的年代，想聽音樂通常要買光碟。在二〇〇〇年左右，光碟燒錄機出現，複製變得很容易，腦筋動得快的業者便開始大量燒錄盜版光碟在夜市裡販售。盜版削價競爭，嚴重影響了唱片業，這也是為什麼銷售破百萬張的專輯，大都發生在二〇〇〇年之前。

盜版產業鏈也分上、中、下游，像我跟進哥這樣直接拿貨去夜市零售的，通常都已經是下游了。而我這種中輟生小弟，算是下游中的下游，也就是分到的利潤最低、承擔的風險卻最高的人。

根據進哥的說法，跟上游拿一片光碟成本是十七元，在夜市販售給消費者一片五十元；而我這種小弟賣一片只抽五元。但由於身分、年齡的限制，我也無法找到正常的工作，只能靠這些偏門來賺取生活費。雖然利潤低，但有時候一個晚上下來可以賺上千元，對當時的我而言已經相當可觀，畢竟包台六至八小時只要一百元。

我在夜市賣盜版光碟時，已經是這個產業的末期了。由於智慧財產權的意識抬頭，政府責成保安警察第二總隊在夜市打擊盜版業者，我們都稱呼這些警察為「保二」或者「便衣」。

夜市裡也有「誠實商店」

在夜市販售盜版光碟時，我並不會站在攤位上收錢，而是在攤位上擺著一個透明錢筒，並用麥克筆在上面寫著「錄影監視中，一片投五十元」等字樣。當時我們跟夜市遊客有一定的默契，遊客拿了光碟都會自己投錢。偶爾可能會遇到投假鈔的、不投錢的，我們也不會追究，因為獲利遠遠超過損失。

雖是賣盜版光碟，但我主要的工作並非販售，而是擺攤、收攤、補片、收錢。忙完這些工作之後的其餘時間，我會假裝自己是遊客，在附近徘徊，並監視著攤位。因為警察也會使用釣魚手法，將自己偽裝成遊客來購買，如果我待在攤位上販售，就會被當成現行犯抓走。

所以在這個產業的後期，才會衍生出「誠實商店」的販售形式，增加警方查緝的難度；正所謂「道高一尺，魔高一丈」。耐人尋味的是，一方在犯罪，另一方在打擊犯罪，雖然目的不同，卻都偽裝成相同的身分——遊客。

當時我與進哥主要擺攤的地點並不是觀光夜市，觀光夜市都有「地方勢力」承包了，我們只能擺在流動夜市的臨時攤位。因為是流動夜市，所以每日擺攤的地點都不同，管理夜市的人不會干涉我們要賣什麼東西，但會酌收數百元的清潔費。

無數個警追我跑的夜晚

擺攤、收攤需要時間，做這些工作時是最危險的。若警察查緝，剛好見到我正在擺攤或收攤，我將百口莫辯，因為這很明顯是盜版業者才會做的事，所以我將自己訓練到只需兩三分鐘就可以擺好攤位。

另一項工作是收錢。當錢筒的錢變多時，我必須將錢收走並轉交給進哥。因為那些錢是「贓款」，警察一旦看到就可以沒收，所以尚未收走的錢愈多，承擔損失的金額相對愈高。

光碟片也等同於「贓物」，因此我不會將所有的光碟都上架，一來是這樣太重了，機動性會降低；二來是「贓物」也有可能隨時被警察沒收。架上的每張專輯大概都只放兩三片，其餘的統一裝在箱子裡，藏匿於夜市周邊草叢之類的地方。

於是又衍生出我的另一個工作，就是當看到攤位上的某張專輯快賣完了，就要去臨時倉庫取貨、補貨。而進哥或其他下游零售商的主要工作，就是當某張專輯的庫存快沒了，便向中上游進貨。有些經營者會自己販賣，有些則是吸收像我這樣的中輟生協助販賣。

在販賣盜版光碟的這段時間裡，我經歷過在人聲鼎沸的夜市裡扛著光碟跑給警察追；也經歷過在載滿光碟的車上被警察臨檢。遇到許多驚險的狀況，幸好每次都能全身而退，沒有被警察抓到過。後來會被抓，是因為幫某位大哥頂罪……

頂罪二部曲

通常在流動夜市擺攤賣盜版光碟的業者都相互認識。以商業的角度來看，雖然彼此是競爭者，但我們有共同的頭號敵人——警察。

相較於被警察「抄家」，同業之間其實沒什麼好競爭的。因為同業間不過是營業額多寡的問題，但若是被警察「抄家」，一切直接歸零。我們都曾經站在攤位附近，眼睜睜看著光碟、錢筒連同貨架全數被警察搬走。人沒被抓，也損失慘重。

因此，同行之間通常都維持著友好關係，在熙來攘往的夜市中，扮演著相互通報的偵查角色。一旦看到可疑人物，或者哪一攤被警察抓了，我們就會用手機互相告知，讓其他攤位有時間可以逃跑。

有一次我跟進哥兩人扛著光碟，穿梭在夜市人群中跑給警察追。危急時刻，我們躲到一家永和豆漿店的煎台底下，逃過一劫。當我們貿然闖進豆漿店躲警察時，老闆很無奈地向我們表示：「年輕人你們別這樣，我這邊還要做生意。」

待警察離開後，我們對老闆感到很不好意思，於是點了好幾百元的餐點，大快朵頤了起來。一來算是跟老闆捧場，聊表歉意；二來也順便慶祝又一次在追捕過程中全身而退。那是我人生當中吃過印象最深刻的一次永和豆漿，儘管老闆的臉色始終不太好看。

頂罪三部曲：勇氣

某晚，我們一如往常在夜市擺攤，突然聽到同行告知，某攤位的老闆被「保二」當現行犯抓了，叫我們小心一點。聽到同行轉述，我才發現被抓的人正是自己熟識的朋友「生哥」，於是連攤位也不顧，跟著進哥去了解情況。

生哥被抓的第一現場，並不是在人聲鼎沸的夜市攤位上，而是在夜市周邊荒涼的草叢中。當天生哥將光碟倉庫藏匿於草叢中，聰明的警察發現後，並沒有打草驚蛇，而是躲在一旁守株待兔；一旦有人來移動或取用光碟，就當成現行犯抓起來，而生哥就是那位現行犯。

「那不是我的東西，我只是發現那邊有個箱子，所以好奇去看看而已。」生哥解釋。

「我們已經跟蹤你很久了，這就是你的東西，連你的攤位在哪我們都知道，你不要再騙了。」警察憤怒斥責，看來今晚生哥難逃法網。

我們幾個同行在旁邊竊竊私語，討論這件事該怎麼辦。因為生哥有案在身，如果再被抓，後果不堪設想。在場的其他「小弟」之中，除了我沒被抓過外，其他人全部都是累犯了，大夥一致認為，我是最適合去當「光碟攤老闆」的人選。

這就是當時討論的結果。與其說是討論，不如說是命令，因為我是「小弟」，根本沒有話語權。就在許多前輩與學長的慫恿之下，我與生哥交換了角色；我成了現行犯，而生哥是逛夜市的遊客。直到那天我才發現，說實話需要勇氣，而頂罪需要更大的勇氣。

「那些光碟是我的，是我在夜市賣的。」

向警察表示自己是賣光碟的老闆之後，警察與生哥似乎都心領神會、心照不宣。那副冰冷的手銬，從生哥的手腕轉移到我的手腕。臨走前，一位大哥拍了拍我的肩膀安慰道：「放心啦！你未滿十八歲，又是初犯，很快就可以從警局出來了，之後上幾次課就好，不會有前科。」

「嗯。」我點了點頭，一切是如此自然，我就這樣坐上警車，跟著警察走了。

頂罪三部曲：一概不知

上了警車後，我被安排在後座中間，左右兩旁坐著警察，預防我逃跑。我過去也有過幾次坐警車的經驗，但都是青少年深夜未歸、朋友喝醉後小打小鬧，被警察帶去警局說明那類的小事。這次是被當現行犯抓去警局，即便有大哥告訴我不會怎樣，我的心情還是相當忐忑，在警車內如坐針氈。

到警局做筆錄時，警察問我販賣盜版光碟的緣起及經過。我也「如實」向警察表示，自己某日在網咖打遊戲時，一位叫進哥的人看我是中輟生，便問我要不要跟他一起去夜市擺攤賣光碟，賣一片分我五元，於是我就去了。我只知道找我賣盜版光碟的人叫進哥，其餘一概不知道，也不曉得進哥是找誰拿貨的。

筆錄進行得還算順利，遇到一些關鍵問題時，也只能回答「不知道、不清楚」。如果太過「誠實」，以後要躲的恐怕就不只是警察了，可能還包括江湖上的「地方勢力」。可能有人會很好奇，在做筆錄時，我跟警方坦承是進哥找我去賣的，難道不擔心進哥會找我秋後算帳嗎？

我並不擔心，我知道當時警方不會真的去找進哥，就算要找也找不到，因為根本就沒有人叫進哥。雖然有進哥這個「人」，但沒有進哥這個「名字」，進哥只是找我賣盜版光碟的人的代號。當然，找我賣光碟的「進哥」和替其頂罪的「生哥」，都是我人生黑暗時期確實存在的人物。

「堂堂正正」的社會邊緣人

被抓的那天，我在警局待了一個晚上，最後是怎麼被放出來的，我已記不得了，只記得是自己單獨走出警局，沒有任何人來接應。

「欸，你出去了還會不會再去賣？」離開警局前，承辦此案的員警問我。

「不會。」我回答。

「是嗎？不要再騙了，出去以後，你就會拿出手機聯絡你大哥了，然後晚上又不知道要去哪個夜市擺攤。你們這些小朋友都一樣，我看太多了。」警察用訕笑嘲諷的口吻表示。

「不會就是不會。」我眼神堅定地說。

其實警察說得沒錯，大部分的「小朋友」被抓，出來以後通常都還是會繼續賣盜版，然後繼續被抓，落入惡性循環。不過那位員警的預測只對了一半，走出警局後，我的確拿出手機撥打電話聯絡進哥，並跟他約在一間已打烊的柑仔店門口見面。

我們蹲坐在門口抽了許多菸，過程中沒有人說話。不知過了多久，我才打破沉默：「哥，我不想再賣了，因為已經被抓過一次，如果再被抓到會很麻煩。」

「好。」

他只花了一口菸的時間就給出了回應。原以為他會積極挽留，叫我再撐一下、再頂一下，等他找到人之類的，結果並沒有。他只跟我說：「為了你的前途著想，也不能再叫你幫我賣了。」

我們在柑仔店門口抽了很多菸，也聊了很多事情。最後的結論是，他回到夜市繼續過著躲警察的日子，而我重返網咖繼續當個無業遊民。在網咖的日子我過得很廢，但至少不用再跑給警察追，可以「堂堂正正」當個社會邊緣人。

曾經有人問我，你去幫人賣盜版，還去幫人頂罪，被那些大哥這樣利用，現在回想起來會後悔嗎？我笑而不答，不禁想起多年前的某個夜晚，有三個飢腸轆轆的男子，在董叔家分食一個五十元便當的往事。（參見第三章）

家裡沒大人嗎！

「你是王國春嗎？」

某天，我正在朋友家休息，突然有兩位警察闖入叫著我的名字。我當下從夢中驚醒回想著，自從不再販賣盜版光碟後，我應該沒有再犯什麼錯，為何警察會找上門？

我被通緝了？

「你被通緝了知不知道？」

「我不知道。」

「你要開庭，法官傳喚你幾次，結果你都沒有到。我們現在要抓你回去，請你乖乖配合不要逃跑。」

「我不會逃跑。」

於是，我再次被警察帶走了。移送途中，我跟警察探詢，才知道我被通緝的主要原因是之前販賣盜版光碟的案件尚未結案。依照當時的法令，此案雖然不會留下任何紀錄，但該有的程序還是要執行。由於法官多次傳喚我出庭，我都無故未到，於是就被通緝了。其實我當時根本不是無故未到，而是沒有收到傳票。

母親丟下我一走了之之後，我的戶籍還在原來的地方未遷出；但原來的租屋處也已經沒有住人了，我成為該戶的幽靈人口。我沒有住在那裡，自然收不到傳票，十五六歲的我根本不曉得要開庭，甚至還天真地以為，頂罪那天只要做完筆錄，從警局走出來就算結束了。法官傳喚幾次我都沒出現，結果就是被警察抓回去歸案。

是的，法官大人，我家沒大人

關於開庭流程的細節，我只記得在少年法庭上，法官坐的位置高高在上，我必須仰望他才能回答問題。當法官問我有沒有做過那些事時，我一律回答「有」，因為我確實都做過。

開庭的時間不長，彷彿走個形式，只要我承認自己犯下的罪行，沒有任何異議即可。只是當時那位法官非常凶，在庭上不斷對我大聲斥責，罵了許多令人不舒服的話。比如說我很大牌、屢次傳喚不到、拿自己的前途開玩笑、不曉得事情的嚴重性……。

我聽著高高在上的法官訓斥，默不作聲。最後，他罵了一句：「家裡沒有大人是不是？」聽到這裡，我終於忍不住回話：「就是家裡沒大人，如果有大人我還會這樣嗎？」法官聽完後搖搖頭，長嘆一口氣，大手一揮，請身旁待命的警察把我帶走。

拘留室中同溫層取暖

警察將我押進後方的拘留室。當晚那裡除了我，也還有其他遭到拘留的人。彷彿同溫層之間相互取暖，我們各自介紹起自己犯了什麼罪、為何淪落至此。幾個被拘留的人都是初次見面，當時卻有種「同是天涯淪落人」的感受。畢竟，要被押來這個鐵籠也不是件容易的事，需要「以身試法」才行。

在與他們閒談之後，我才發現原來拘留室裡也有潛規則。因為關在裡面的人都是臨時被抓進來的，所以沒有先來後到或學長學弟之分，但大家還是會依個人所犯罪行的嚴重程度來區分尊卑。比如犯的罪刑比較重，未來可能要關很久的人，就是裡面最受尊敬的人；而像我這種只要上幾次課就沒事的人，自然是其中最卑微的。

我在小小的鐵籠中環顧四周，看見角落裡有一個老舊的蹲式馬桶；馬桶四周只以半開放式的 L 型矮牆遮擋，只要一站起來就會走光，毫無隱私可言。我這才知道，原來犯人是沒什麼隱私的。以前常常聽到有人以半開玩笑的口吻表示，「想要吃免費的牢飯」。然而，如果真的待過這個鐵籠，哪怕只是一個晚上，馬上能夠明白免費的牢飯並不好吃了。

重要的覺醒時刻

卑微如我，默默地坐在角落裡，聽著在場的「大哥們」用輕浮的口吻輪流陳述自己過去所犯下的罪行，言談中毫無反省或悔過之意。當時我清楚明白了一件事：自己跟他們不一樣，也不想在未來的某一天變得跟他們一樣。那一刻，我在內心告訴自己：「這個地方，出去以後就不要再進來了。」

如今二十多年過去，在這漫長的歲月中，我也多次進出過監獄，但都是為了工作或參觀而主動前往，沒有一次是被警察「銬」進去的。我很感謝當年進入拘留室的自己，只因為那時一個簡單的想法、一個捫心自問，深深影響了我往後的人生。

在拘留室待了一個晚上後，我被放了出來。有沒有人保釋我？時隔多年，早已不復記憶，但我很確定，我熟悉的人一個都沒有出現。當時，我不知父母身在何方；出生入死的「哥哥們」因搶劫加油站而被判刑，早已入監服刑，剩下我一個人默默面對這世界。

之後的幾次上課，我都沒有缺席；課程結束，代表著我在這個案件中畢業了。當時的承辦人員告訴我，因為我未滿十八歲，所以未來不會有前科，警察局也查不到這項紀錄；但如果我之後再度犯案，就會連同這次紀錄一併登記在案。我將這些話銘記在心，期許自己不要再犯錯，好好做人。

討厭的人竟是貴人

滿十六歲以後，我的人生來到可以合法工作的年齡，於是我不再當「臨時派遣工」，而是到加油站工作。

我印象很深，由於未滿十八歲，需要監護人的允許才可以工作，面試後，站長交給我一張類似切結書的資料，叫我帶回去給監護人簽。

我頓時陷入窘境，那時候我根本不曉得父母在哪裡，沒想到想要安分守己地工作，還會受到制度的阻礙，讓我心裡很不是滋味。原本打算對站長說明自己的「家庭情況」，又擔心他也無能為力，反而讓我失去工作機會。於是，我索性將資料先帶回去，自己簽上母親的名字，就像過去簽聯絡簿一樣。隔天將資料交給站長後，我順利成為加油站的正式員工。

有了正當且穩定的收入後，我也成為租屋一族，雖然生活還是經常捉襟見肘，但終於不用再像過去一樣，到處寄居。租了房子後，我跟過去顛沛流離時所認識的朋友漸行漸遠，重新建立起新的生活圈。

十六歲是我人生重要的分水嶺，可以合法工作後，我的生活逐漸好轉。儘管是中輟生，但最起碼有份工作可以養活自己，不用餐風露宿，也不用鋌而走險。每個月一萬多元的薪水，是我加了無數台車的油，彎了無數次的腰，喊了無數次的「歡迎光臨」所得到的報酬。雖然辛苦，但值得。

自由的代價，其實很大

記得國三中輟後，剛開始我非常開心，因為少了學校的看管，我成為真正的自由之身。那時，我非常同情要上學的同學，他們不僅每天被學校的上課時間綑綁，還要交作業、應付考試，考不好又要擔心被爸媽、老師責罵。而我不用上課，每天自由自在地活著，想幹嘛就幹嘛，連父母都不會管我。

不過，這樣的快樂心情並沒有持續太久。因為我是人，不是鳥，我沒有辦法像鳥兒一樣，只需要早起就有蟲吃；也沒有辦法像鳥兒一樣，只要找個適當的屋簷、樹木棲息就好。那時候我才赫然發現，自由是要付出代價的。少了家庭跟學校的庇護，雖然時間都是自己的，卻不是每件事都能按照自己的期望發生。

原來任何事情都需要錢。吃飯要錢，去網咖包台要錢，去電子遊樂場玩遊戲機要錢，買菸要錢，買檳榔要錢，買酒也要錢。我發現自己想做的每一件事都建立在金錢之上，但我根本沒錢，我甚至連住的地方都沒有。

當我的身分從學生變成「校外人士」後，每天煩惱的不再是考試成績，而是我今天晚上要住哪，我的下一餐又在哪？對於同學，我反而由同情轉換成羨慕，因為相較之下，考試的煩惱似乎比吃住的煩惱容易解決多了。

兩年不見的那張面孔

原本以為我會維持中輟生的身分直到終老，這一輩子都不會重返校園。直到某天，一張熟悉的面孔出現在我工作的加油站，是將近兩年沒見面的國中班導師。

「國春，好久不見。」

「老師，妳怎麼會來？」我非常驚訝，畢竟我離開學校快兩年了。

「我來加油，順便來看看你，最近過得好嗎？」

「就是每天上班、下班，沒什麼特別的。」

「老師聽其他同學說，你是不是想回去把國中唸完？」

「對呀！」

接下來，老師將預先寫好的紙條交到我手中，並叮囑我，有空就趕快回學校報名。那張紙條上其實就只有一個姓名、一組電話而已。寫一張紙條可能只是舉手之勞，對我而言卻有滿滿的感動。

回想那天從拘留室放出來後，我走在陌生的街道上，吹著冷風，覺得自己是被全世界放棄的人。法官罵我，警察對我搖頭，對我有扶養義務的人下落不明，與我稱兄道弟的朋友一個也沒來……。

我以為這個世界上早已沒有人會關心我，想不到在輟學兩年之後，第一個對我伸出援手的，竟然是我曾經很討厭的班導師。因為老師的那張紙條，我才鼓足勇氣重返校園就讀補校，否則現在的我可能連國中都沒畢業。

那天在加油站與班導師相遇，看似是我在幫老師加油，其實是老師在幫我「加油」。

這位國中的班導師，是我人生中的第一個貴人。她讓我知道，即便眼前的生活不如意，總是遇到很多爛人、鳥事，也一定要相信自己，相信在未來的某天，一定會有轉機，而且到時候出手幫助你的貴人，還可能是你曾經討厭過的人。

畢業紀念冊提醒我的事

我也發現，感恩的力量遠遠大於仇恨的力量。就算過去的人生過得並不好，如果我總是對以前發生的事充滿仇恨、怨懟，我恐怕很難走到今天。我相信，人是可以有選擇的。我可以選擇感恩，而不選擇仇恨。

幾年前，我曾跟當年的國中同學要來一本畢業紀念冊收藏。對大部分人來說，國中的畢業紀念冊並不太重要，反正往後還會繼續升學，通常會在意並好好保留最高學歷的那本。但對我而言，國中就是我當時的最高學歷，這本畢業紀念冊上本該有我的照片跟名字，但遺憾的是並沒有，因為國三的時候我輟學了。

我時常翻開這本沒有我的照片和姓名的畢業紀念冊，提醒自己要對過去遇到的人、事、物心存感激。每當遇到困境、情緒低潮的時候，我就會翻開畢業紀念冊，鼓勵自己：如果連中輟那兩年都可以挺過來了，還有什麼事情可以難得倒我？

我看著班導師的全家福照片，照片下方寫了一段文字：

如果我可以看得比別人遠，是因為我站在巨人的肩膀上。——牛頓

閱讀可以讓你站在巨人的肩膀上。

老師所節錄鼓勵畢業生的語句，給了我很大的鼓勵。我雖不愛念學校的教科書，但我其實是喜歡閱讀的，愛看各種書籍，也愛寫。透過閱讀，站在巨人的肩膀上，讓我能夠在重要時刻多想一下，做出抉擇。

站在「勵志中學」的門口

某日在高鐵站前排班，服務到一位女性乘客，對方在報地址時，口音不是很標準，我擔心聽錯，於是請乘客將手中的地址提供給我確認。看到地址後，發現乘客要去的地方其實是「勵志中學」。

不一樣的學校

大家可能沒聽過勵志中學，或者看名稱直觀地認為是所高中。其實不是。勵志中學雖然也是為了教育目的而設立，但它跟一般學校不一樣。一般學校的最高主管機關是「教育部」，但勵志中學則是隸屬於「法務部矯正署」。

因為勵志中學離我的營業區域並不遠，因此我經常服務到前往那裡的乘客。乘客中有講師，有社工，但更多的是前往探視親人的家屬。就像這次服務到的新住民乘客，她是要去探望兒子的。

開計程車至今七個年頭，勵志中學已改名三次。還記得剛跑車時，它叫做「彰化少年輔育院」，沒多久改名為「誠正中學彰化分校」，現在則是「勵志中學」。改名雖然麻煩，但也意味著政府愈來愈重視「正名」的問題。「正名」才可以達到去標籤化、避免歧視的作用。

勵志中學最早的名稱是「台灣省立彰化少年感化院」；現在，已經沒有「感化院」，也沒有「少輔院」了，那些都是舊名。

我喜歡與去勵志中學的乘客寒暄，尤其當得知對方的身分是講師或社工時，我會打開話匣子；但如果對方是家屬的話，我則不敢多聊。畢竟去勵志中學並不像旅遊般輕鬆愉悅，家屬探視的過程，情緒多半是相當沉重的。

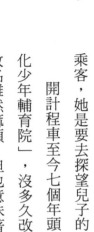

都是因為「好朋友」

這次我不曉得哪來的勇氣，在知道乘客是家屬後，還敢主動與其攀談，並提醒對方，其實不用報地址，只要跟司機講要到勵志中學，司機都會知道的。

乘客說自己的兒子原本在讀高中，但是因為不愛念書，時常沒去學校上課，後來在外面做勞力密集的臨時工時，認識了「好朋友」。朋友剛開始都對他不錯，買東西給他，帶他去吃好料，也會相約出去玩。這是青春期孩子的正常表現，有許多青少年會將生活重心依附在朋友關係上，並不讓人意外。

「這樣看起來他只是不愛讀書而已，怎麼會去勵志中學呢？」我問。

乘客欲言又止，我又不曉得哪來的勇氣，幫乘客回答：「吸毒。」

乘客點點頭說道：「兒子染毒後，因為缺錢買毒品，朋友介紹他去做可以快速賺錢的工作。」

「詐騙。」我再次幫乘客回答。

乘客再次點頭：「然後就被抓了。」

大部分青少年沉淪的軌跡都差不多，即便如此，家長未必有辦法預防這樣的事情發生。青少年誤入歧途很多時候是受到朋友影響，但孩子在外的交友情況，不是每位家長都可以掌握，尤其是社經地位相對弱勢的家庭。

許多走偏的孩子，家境並不好。他們或者因為父母忙於工作養家，或者父母其中一方有精神疾病，又或者父母本身自顧不暇，無力照顧家庭等種種原因，導致階級複製、犯罪複製，令他們的人生難以翻轉。我自己以前的情況是這樣，我那些因為酒精、毒品而離世的朋友是這樣，還有因為犯罪而身陷囹圄的朋友也是這樣。

與另一條路擦肩而過

乘客下車後，我望著勵志中學戒備森嚴的大門口發呆。二十年前，這裡也曾經是我差點去「進修」的地方，還好，還好，我最終將自己從泥淖中拔了出來。雖然年輕時浪費了不少歲月，但我相信，只要心態正確了，人生就不會有白走的路。

我覺得自己後來能離開原本的環境，是極端幸運的。過去每當站在人生重大抉擇的十字路口時，我慶幸自己有停下腳步多想一下，選擇了正確的那條路。

青少年時期，我曾遭到通緝，也幹過許多荒唐事，但幸運的是，那些都發生在十八歲以前，紀錄還有機會一筆勾銷。正因如此，我今日可以用「一般人」的身分來分享過去，而不是用受刑人或更生人的身分。

只是，每個迷失中的青少年，不一定能有「主角光環」護體。有些人，一旦選錯了就是選錯了，如同博弈一般，必須付出相對的代價，輕則像這位乘客的孩子一樣，到勵志中學「進修」；重則可能連性命都獻給了賭桌，連進修的機會也沒有。

我過去稱兄道弟的朋友，有些吸毒染病走了，有些反覆進出監獄，始終掙脫不了惡性循環。

還是因為「好朋友」

常有人問我，為什麼我的原生家庭如此邊緣，卻還可以扭轉自己的人生？為什麼我在面臨重大抉擇的時候，總能選擇對的那條路？

站在勵志中學的大門前回想過去，我想或許是因為每當我在歧路前徘徊，與我稱兄道弟的朋友總會用他們的親身經歷提醒我、警示我，迫使我自問：往後，我真的想要成為他們，過著他們所過的人生嗎？

答案每次都是否定的。可以說，那些朋友變成了反指標，將我一步一步導向正確的航道。過程中，難免走了不少彎路，因此看過不一樣的風景。那些不堪回首的經歷，現在也成為自己辨識度最高的過去。

第二部

朗朗晴空：駛向光明人生

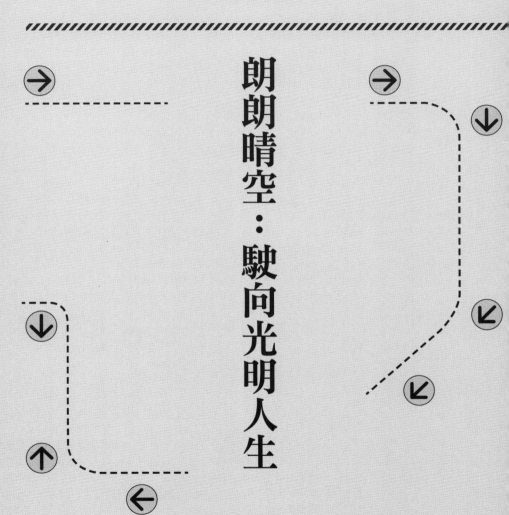

第3章

剛好的溫暖

一張紙的重量

某個週二在高鐵站排班，服務到一位乘客，上車後，我禮貌地詢問對方要去哪裡。乘客沒說話，只遞了張紙條給我，紙條上面寫了三個字「○○厝」。我望向乘客，他對我比了個「ＯＫ嗎？」的手勢，我點了點頭，隨即開車出發。我想，他應該是位聽覺或言語障礙者。

我很慶幸自己剛好知道那個地方，不然僅憑三個字，沒有詳細地址，勢必要花很多時間跟乘客反覆確認，尤其是在對方無法透過言語表達的狀況下。

到達目的地後，乘客付完錢又遞給我一張紙條，上面寫著「星期四下午四點」。我大概明白他的意思，就是希望我能依照紙條上的時間載他回高鐵站。因為他所約定的時間是兩天之後，我擔心會有變數，所以打算跟他要聯絡方式，待約定時間將近，用電話先行確認是否搭車，以防自己白跑一趟。

正準備開口時，隨即打消了這個念頭，並且覺得自己的「計畫」相當愚蠢又可笑。乘客既有言語障礙，我怎麼可能用電話與其溝通？

當下，我準備婉拒，因為完全無法互留聯絡方式的預約，潛藏著許多變數，風險太高，而且我已有太多不好的經驗。有些人預約時說得信誓旦旦，說得一諾千金，說得再三保證，等到我將時間空下來後，乘客總有一千個不坐車的理由。

我還遇過乘客在去程時說自己一個小時後的回程一定會搭車，並且主動留下聯絡電話。我基於信任，耐心等待了一個多小時，結果對方非但沒坐車，連電話都索性不接，彷彿人間蒸發似的。如果連當天留下聯絡方式的乘客都有可能爽約，更何況是隔了兩天且無法留下聯絡方式的乘客？

無聲的承諾

由於這位乘客在溝通上有很大的困難，為了免除麻煩，我決定婉拒。但不曉得為什麼，我下意識地像乘客剛上車時那樣，比了個「OK」的手勢，只不過乘客的「OK」是疑問句，而我的「OK」是肯定句。多少還是擔心身處鄉間的乘客週間不容易叫到車，儘管我不想承擔風險，還是不忍看見他孤立無援，於是便用一個

「ＯＫ」的手勢，承諾那天會來載他。

初次見面，沒有任何言語，僅憑一張紙，就交換了彼此的信任。這種相互承諾的過程，不管是對司機或是乘客而言，都需要莫大的勇氣。因為只要有一方失約，對另一方都將造成不小的損失與不便。

兩天之後我準時到達，乘客也早已在大門口等候。抵達目的地高鐵站後，乘客下車還頻頻回頭揮手致意，我也向他揮手道別。過程中，一樣沒有任何言語。

這只是一張紙，卻是有分量的一張紙。我會將它放在車上，時刻提醒自己，不要因為曾被欺騙、被誤會、被擺了一道，就對人性感到失望。我相信，這世界還有許多美好且良善的存在。儘管有時結果不盡如人意，也要充滿期待地活著。因為，選擇相信可以活得很輕鬆，而陷入懷疑會活得很辛苦。（當然，這絕對不是要我們去相信詐騙。）

你的理所當然，他的萬般艱難

有時候，你覺得理所當然的事情，對別人來說卻比登天還難。

也許有人會覺得奇怪，為什麼不留手機號碼跟傳簡訊？因為乘客目不識丁啊！

連那張字條都是他妻子預先寫給他的。手機簡訊、通訊軟體，已經成為現代人的日常，但別忘了，某些特殊群體的人並不會使用這些溝通工具。

這位乘客所面臨的困難，有很多是後來他女兒與他一起來，請我喝咖啡時分享的。倘若沒有服務到這位乘客，其實我也從沒去想過他們的處境；可是當我服務到的時候，我願意花點時間去了解他們的難處。

我想，我之所以能設身處地替他們著想，並不是我有聽語障礙的家人，而是我的父母也都目不識丁。小時候，他們從來沒有在我的聯絡簿上簽名過，聯絡簿上的簽名若不是我自己簽的，就是保母簽的。

這位乘客的妻子也是聽語障礙人士，雖然她曾透過特殊方法學習寫字，但能認的字也相當有限。

當時乘客的女兒告訴我，父母常常被稱作「啞狗」。生長在父母都是聾啞人士的家庭，她從小就過得相當辛苦。因為家庭情況特殊，小時候遭遇的霸凌、嘲諷自然沒有少過。有很多時候她都幾乎放棄希望，可是看著父母那麼辛苦把她拉拔長大，她覺得自己要更努力，讓父母過上好的生活。

我在臉書上公開這個故事後，出現許多質疑的聲浪，但更多的是留言的肯定，甚至有人覺得我會有福報。其實如果真的有福報的話，我希望福報可以轉換到乘客身上。

我充其量就是個寫故事的人，寫故事的動機是希望大家可以用理解、包容的態度，去認識不同背景的人與他們的人生。

誰才是你的後福？

某晚在嘉義高工演講。演講結束時已九點半，匆忙從嘉義趕回彰化高鐵，準備為預約十一點搭車的乘客提供服務。

我演講時穿著便服，而車隊規定駕駛在執業時須著制服。國道三號回彰化高鐵站的路上正好會經過古坑服務區，我便將車開進服務區，打算在廁所裡更換制服。

正準備進廁所時，在門口遇到一位中年男子，他問我知不知道哪邊有換鎖的地方。由於我不是當地人，連忙跟他說不清楚，就逕自走進廁所了。

在更換衣服時，我腦海裡不斷冒出一個念頭，那位大哥是不是遇到什麼困難了？待會出去的時候如果他還在，就關心一下他的狀況。果然，大哥還在門口等待，我主動上前了解。只見大哥支吾其詞，似乎有什麼難言之隱，最後他總算開口：「你可不可以讓我搭個順風車，然後在最近的交流道讓我下車就好？」

「好啊！」我爽快答應。

語畢，大哥跟著我走回車上。當他發現我開的是計程車後就卻步了，同時手伸進口袋裡試圖翻找出所有的錢。他打開握著錢的拳頭，我定睛一看，偌大的掌心上只有十五元。對，沒看錯，這位大哥全身上下只有一個十元銅板加一個五元銅板。

「大哥，我沒有要跟你收錢，你上車吧！」

從貨車司機到養豬工人

上車後，我們聊了起來。大哥說他很感謝我，若沒遇到我，不知道要在古坑服務區待到什麼時候。我問他遇到了什麼困難，大哥這才娓娓道來。他說他是花蓮人，上一份工作是貨車司機，因為疫情導致中年失業。前陣子透過臉書社團的求職資訊，在雲林古坑找到了一份養豬的工作。雖說他沒有養豬的經驗，但這是一個勞動力密集且需忍受惡臭的行業，所以一個月薪水有三萬五千元。

他想想這樣的條件也不錯，畢竟已年過半百，又沒有一技之長，只能被工作選擇。看到求職訊息後，他與老闆通過電話，便毅然決然揹起行囊，遠從花蓮來到雲林，跟老闆一同養豬。

大哥原以為即將迎來事業第二春，就此終結中年失業而窮困潦倒的生活，不料就在當天一清早，他們的宿舍失火了。住在二樓的大哥冒著生命危險，從窗戶一躍而下，沒事。但住在三樓的老闆就沒那麼幸運了，由於三樓太高，老闆不敢跳，在等待救援的同時，遭受了嚴重的傷害。

「我老闆還在加護病房。」大哥感嘆。

他說當時惡火蔓延得太快，他什麼都來不及收拾，揹著一個背包就往下縱身一躍。等脫離險境後才發現他所有的證件、兩千元現金（全部財產）、車鑰匙等重要物品都留在宿舍的外套口袋中，隨著祝融付之一炬。大哥雖倖免於難，但可以讓他順利返回花蓮的東西卻無一倖免，連老闆也還在加護病房昏迷中。

搭順風車的陌生人

大哥詢問附近的鎖店老闆，是否可用借款簽本票的方式幫忙他打開汽車鎖，他好開車回花蓮。無奈鎖店也都是小本經營，沒有老闆願意承擔風險去幫忙一個看起來窮困潦倒的陌生人。

眼看這條路行不通，大哥便走到古坑服務區，在大車停車場徘徊等待，想碰碰運氣，看來往休息的司機中有沒有人願意讓他搭順風車回花蓮。老家才有備用鑰匙，他必須先拿到備用鑰匙後再回來開走自己的車。大哥說他是下午四點多進服務區的，而我是晚上十點才到的。結果可想而知，別說回花蓮了，連願意讓他搭順風車的司機都沒有。

「我載你到附近的交流道下車後，你要怎麼辦呢？」我問。

「就看看沿路經過的大車、菜車中有沒有要上台北的，若能搭順風車到台北，之後再做打算，至少台北有認識的朋友可以幫忙。」

我聽完大哥的計畫後心想，半夜十點多在鄉間的交流道口要搭到順風車的機率太過渺茫，而且大車有許多視線死角，這樣做其實是非常危險的。

真正的後福是自己

「大哥，不然這樣好了，我再幫忙你一次。」

「不用啦！你怎麼幫我，花蓮那麼遠，你要載我回花蓮嗎？」大哥連忙婉拒。

「我怎麼可能載你回花蓮，我待會在彰化高鐵站還有工作。」

因為彰化高鐵站位於彰化縣田中鎮，而田中鎮有火車站，我知道每天早上六、七點左右會有一班直達花蓮的自強號。我決定幫助這位大哥，讓他在火車站附近的便利商店待到早上，再搭火車回去花蓮，這樣我也可以趕在晚上十一點的時候回高鐵站服務預約的乘客。

到了火車站附近的便利商店後，得知大哥整天沒進食，飢腸轆轆，我請大哥儘管拿自己想吃的東西並幫他結帳。接著便將一部分的演講酬勞拿給他，應該夠他買自強號車票跟隔日一整天的轉乘費、伙食費了。大哥不斷地感謝我，說還好遇到了我，不然他真的不知道什麼時候才能回到花蓮。

我開玩笑地對大哥說：「大難不死，必有後福。」

「你就是我的『後福』嗎？」

大哥笑了，我也笑了。我對他說：「我不是你的『後福』，我只是一個跟你有緣且很愛聽故事的司機而已。」

「真正的『後福』是大哥你自己。」我接著說。

一個故事的酬勞

其實，我並不清楚這位大哥到底有沒有騙我，事後回想起來，總覺得故事中的某些地方似乎不太合邏輯。然而，故事的真實性已不重要了，我確定當時的大哥落難需要幫助，就如同我在車上跟他說的：

「每個人總有遇到困難的時候。」

坐在大哥對面，看著他吃著微波便當，喝著老品牌的麥香奶茶，又想起二十多年前，我曾經和另外兩個男人爭先恐後地搶食一個五十元的便當（參見第三章），即便分到的量不多，卻還是吃得有滋有味。

比起吃不飽，我更明白沒東西吃的感覺是什麼。當時跟我分食的男人中，有一個因吸毒而死；另一個因為缺錢買毒而去搶加油站，現在還在監獄服刑。我並沒有步入他們的後塵，我知道，只有自己才能成為自己的「後福」。

一個人若不想要改變，遇到再多的貴人也終將錯過。

大哥埋頭扒著微波便當並向我要名片，承諾以後等他賺錢了再還給我。我跟他說不用還，「謝謝你願意跟我分享你的故事，這些演講的報酬中有一部分是屬於你的。」

當天，是我第一次在學校演講，主辦單位可能找不到一般信封，就用禮券紅包袋裝現金給我。比起直接給現金，裝在紅包袋裡，感覺更有「福氣」，而我也把部分報酬連同紅包袋一起轉送給大哥。

如果大哥沒騙我，應該早已回到花蓮老家了；如果大哥是騙我的，那他現在又該何去何從呢？衷心祝福大哥成為自己的「後福」。

有一種眼淚叫無能為力

中午的時候接到一通派遣任務，送一位行動極為不便的老人回他的住所。接到乘客後，光攙扶他上車就花了三分鐘左右。隨後，我根據地址行駛，只見道路兩旁的景色愈來愈偏僻，偏僻到連導航都無法辨別。還好，乘客認得路，我便依照乘客的指示抵達正確地點。

先上坡，再轉角，然後是……

「你停這邊就好。」老人說。

「你要在這邊下車？你家門口在哪啊？」放眼望去，附近的地形都是難走的上坡路，老人又不良於行，我忍不住提出疑問。

「等等轉角那邊還要再爬上去，車沒辦法過。」老人回答。

「這上坡很陡耶！我扶你走好了。」

「不用啦！因為等等轉角過去，還有上百個階梯。」老人笑了笑。

「什麼！？」

我以為老人在跟我開玩笑，便下車走到轉角去看看。一看差點沒昏倒，真的有上百階樓梯，而且都是由不規則的大小石頭所鋪成。

「你家裡面有沒有人？」我想請他家人出來接應比較安全。

「沒有啦！」老人無奈表示。

「所以你自己住，沒有親戚？」我問。

老人想了一下答道：「有一個哥哥也住附近，但都各過各的，沒有人會理我啦！」隨後他步履蹣跚地繼續往階梯的方向走去。

「還是我揹你上去吧，這樣比較安全也比較快。」

「免啦！我每天都這樣走，已經習慣了，謝謝啦！」老人說。

回家，卻只能寄居

我沒再堅持，只是靜靜地跟在老人後面。此情此景讓我突然想起當兵時的往事，當時因為沒地方住，有幾次放假時我會寄住在父親那裡。有一個週末夜晚，我與父親坐在客廳喝著高粱，聊著過去他與母親的愛恨情仇。年登耄耋的父親在酒過幾巡之後，因不勝酒力，先回房間休息，我就坐在客廳看電視。

父親走進房間後，突然重心不穩，一個踉蹌便往後仰跌，平躺在地上。

「爸！」我叫了好大一聲，趕緊衝去房間要將他扶起。

「走開，你不要碰我，不要碰我，我自己來。」父親大聲喝止。

我抓住父親的手臂，他卻極力將我甩開。無奈之下，我只能在旁邊看著，覺得父親真是一位老頑固，明明我扶一下就可以馬上起身，為何要自己費那麼大的勁，還極力將我推開？脾氣怪到令人匪夷所思。半晌後，父親終於靠自己的力量從地板上爬起來，氣喘吁吁地癱坐在床邊。我用手掌輕撫父親的背，幫他順順氣。

父親呼吸稍微平緩後說道：「如果我每次跌倒都要人家扶、要人家幫忙，當你不在身邊的時候，我怎麼辦？」

有一種眼淚叫無能為力。當時不知道是因為酒精的催化，還是情緒的湧上，我哭了很長一段時間。在那微醺的當下，其實我很感傷，因為住在父親家裡竟然要用「寄住」這兩個字；我也很欣慰，因為活了二十年，過去從來沒有跟父親促膝長談，把酒言歡，能一起酒後吐真言，是一件值得紀念的事。

那是我第一次跟父親喝酒，也是最後一次。

由於父親再娶的中國籍配偶始終不認同我這個兒子，因此，當正在中國大陸探親的「阿姨」得知我當兵放假會寄住在家裡時，特別從湖南長沙打長途電話威脅父親，要求我搬離。若我不馬上搬走，等她回台灣後就跟父親辦理離婚手續。所以，我連「寄住」在父親家的時間都非常短暫。

父親在迫不得已的情況下請我離開。離開之前，他將預先提領出來的幾萬元現金交到我手上，跟我說：「知道你當兵沒什麼錢，這幾萬元給你留在身上，你去找一個地方。唉！我家容不下你。」

我知道，容不下我的從來就不是房子的容積，而是人心的容積。我不怪阿姨的無情，也理解阿姨的顧忌，因為根據民法，即便父母離婚後，我的監護權歸屬於生母，但仍擁有生父財產的繼承權。

這會是我未來的樣子嗎？

某些時刻，我會覺得父親過得相當淒涼，即便有老婆、有孩子，但因為個人的選擇，導致他晚年孤身一人。

以前我總對父親的固執嗤之以鼻，甚至到了無法諒解的地步。退伍之後，我也花了很多年的時間去稀釋這個問題，即便它沒有答案。

我陪乘客走了一段階梯，看到乘客的背影，就如同看到父親一樣。乘客有不足為外人道的原因，過著獨居生活；父親明明有妻有子，卻只能過著獨居生活。這會是我老年時的樣子嗎？

我意識到，年老後真正可怕的不只是孤單，更可怕的是失去健康與行動力，甚至是失去對身體的自主權。看著默默拾級而上的老人，未來我有了努力的明確目標。

最好吃的便當

前些日子，在高鐵排班時服務到一對樂齡夫妻。上車前，乘客表明要到附近某公墓上香，大概二十分鐘左右後返回高鐵，希望我可以等他們，他們願意加些錢給我。

我對乘客說：「才二十分鐘而已，不用加錢沒關係啦，照錶收費就好。」爽快答應之後內心卻有點後悔，因為我突然想起過去曾載過另一名乘客去同一個地點，對方也說二十分鐘後要回程，但我空等了他一個多小時他都沒出現。當時，因為對方還沒支付去程的車資，使我面臨著走也不是，不走也不是的窘境。

有了上次的經驗，我不免擔心這對夫妻會不會像上次的乘客一樣言而無信。所幸，到達目的地時，雖然去程車資是兩百多元，但乘客拿了六百元鈔票給我，說多的錢先放在我這邊，請我不用擔心他們會跑掉。

不計較，反而得到更多

不到二十分鐘，他們上完香就搭我的車返回。我覺得自己很幸運，遇到了非常守時、守信的乘客。回程時剛好是午餐時間，由於高鐵站的午餐選擇不多，乘客問我若順路遇上便當店，是否可以停一下車讓他們買午餐。

乘客說：「如果有池上便當那類的更好，如果沒有或停車太麻煩也沒關係，直接回高鐵就好。」

「我剛好知道哪裡有，我帶你們去買。」我說。

買便當時，乘客說要順便幫我帶一份，我婉拒了他們的好意，結果他們依然幫我買了一個便當。更貼心的是，乘客在之前的閒談過程中知道我吃得比較養生，所以幫我買了一個相對健康的雞肉便當，讓我非常感動。

下車時，跳錶金額四百八十元，因為預收了六百元，正當我準備找錢給他們的時候，他們卻說不用了。

「難得遇到服務那麼好的司機，還願意等我們，多的錢你就收著吧！」

原本我說不用加錢並且照錶收費的，結果不僅多收了一百二十元，還外加一份便當。我想，這印證了一件事：有時候，不去計較反而得到更多；計較的多，無形中失去的也很多。就像有些人會為了幾個銅板而殺價，表面上，他們爭取到實質的利益，但無形中卻流失了無法用物質衡量的東西，比如人與人之間的信任。

我打從心底尊敬這對夫妻。不是因為那一百二十元的小費，也不是那份貼心的便當，而是在短暫的互動過程中，他們自然流露對他人的尊重。他們沒有把別人的「等待」視為理所當然，更沒有因為自己是付錢的人，就認定司機必須無條件配合他們的任何要求。

這份便當的口味雖然清淡，卻蘊含著任何調味料都無法賦予的味道，那個味道叫「人情味」。人情味只能透過良好的人際互動產生。這份便當看似簡單，卻是我近期吃過最好吃的便當。

成為寄居專業戶

在我的人生當中，還有一個便當的滋味讓我難以忘懷，那是二十多年前，連鎖超商推出的五十元經濟便當。而且這個便當是三個男生一起分食，我是其中年紀最小的一個。

那年我剛升上國三，母親賭博耗盡家財，為了躲債丟下我一走了之。成為「類孤兒」後，我並不懂得向社福機構求助；或者說，當時我因為行為偏差、價值觀混淆，即便有管道、資源，我可能也不願意求助於社福機構，而是投靠了社會所排斥的「邊緣人」。

那時候，我每天都寄居在「別人」家。那個「別人」，是鄰居、同學、網咖、宮廟、大哥、公園、火車站門口的代名詞。每天我都在煩惱自己的下一餐如何才有著落。

某天晚上，鄰居董叔家剛好有人在喝酒；身為寄居專業戶的我，當然沒放棄這次機會。我去了董叔家，跟著他與朋友們一同聊天。其實，董叔從不排斥我去他家，他知道我的家庭狀況不一般。每當我過去找他時，他只會簡單說一句「你來啦！」就逕自去做自己的事了。

董叔沒有結婚生子，孑然一身，且當時處於半退休狀態，每天不是喝酒就是跟鄰居打牌，也沒有什麼其他休閒活動。雖然對外人來說，這樣的生活型態有點不健康；但對我來說，正是因為董叔這樣不健康的生活型態，才讓我有個可以寄居的空間。

為沒家的孩子開一扇門

記憶中，除了睡覺以外，董叔家的大門從來都沒有關過，他總說這樣方便自己進出。現在回想起來，董叔可能是為了給我們這些家庭失能的年輕人有個可以擋風遮雨的地方，所以為我們保留了一個空間。

那天晚上，董叔因不勝酒力先回房間休息，我跟其他兩位朋友繼續喝著桌上剩下的酒，喝著喝著就覺得餓了。董叔家沒有東西可以吃，我們三個人摸摸口袋，掏出所有的錢，剛好湊到五十元。當時連鎖超商的微波便當剛盛行，主打經濟便當一個只要五十元，我們就去買了一個帶回董叔家一起吃。

一個便當，一雙筷子，我們三個人爭先恐後、狼吞虎嚥地分食，雖然沒吃飽，卻也吃得有滋有味；儘管吃不飽，總比沒得吃來得強。

我看著乘客送的便當，不禁想起這段往事。現在的我，不必跟人分食便當，一個人想吃幾個就吃幾個。

能從過去那樣的底層慢慢爬起來，絕大部分要感謝這一路上遇到許多像這對乘客以及董叔這樣善良的人。有些人會因為你的職業而看輕你，有些人會因為你的處境而遠離你，但這對乘客不會，董叔也不會。

「卡頭班」也是最好的安排

某日下午在彰化高鐵站排班，運氣不佳的我「卡頭班」了。

卡頭班，是計程車界的術語。本來，在車站排班區排班的計程車司機會照規定依序出車。當台鐵、高鐵進站後，有搭乘計程車需求的旅客，會魚貫走到計程車排班區坐車。待旅客都坐上計程車離開後，排在第一台卻沒有出到車的司機，就稱為「卡頭班」。

在人流量較高的車站，因為高鐵、台鐵進站的班次很多，比較不會有卡頭班的問題。由於彰化高鐵算是小站，平均一個小時才有一班高鐵停靠，倘若在某班高鐵進站時沒出到車，就代表要再多等一個小時才能載到乘客。所以，卡頭班對計程車司機來說，是一件較為負面的事情。有些司機甚至會因此動怒而到處抱怨。我跑了多年的計程車，對於「運氣」這件事已漸漸看開。運氣這種事很難說，不是我們能控制的，我們能控制的只有自己的情緒。

小天使，請上車

排在第一台，卻只能枯坐在駕駛座上的我，期待著會不會還有乘客要來坐車，可惜十幾分鐘過後，換來一陣失望。我看了看時間，依照過往經驗，還要再等四十分鐘，待下一班高鐵進站後才能出車。正準備利用空檔去高鐵上廁所時，一位女性朝我走來，詢問計程車運輸的相關事宜。這讓我相當振奮，以為有生意上門，可以不用卡在頭班曬太陽了。

「請問到轉運站要多少錢？」小姐問。

「我們都照錶計費，到那邊車資大概三百五十元。」我回答。

「好，謝謝。」

小姐有些悵然若失地離開，而我也恢復平靜地走進高鐵。方便完後走回排班區，發現剛剛那位小姐已在計程車旁等我，身邊還多出了其他大人與小朋友。

我注意到小朋友穿著學校制服，有的坐著輪椅，有的戴著鏡片很厚的眼鏡，還有幾位在站務櫃檯邊嬉鬧，跟一旁愁容滿面的大人形成強烈對比。我猜想，這群孩童應該是天使孩童吧！

交通工具體驗之旅

原先找我詢問價格的小姐說他們要坐車，但我算了算乘客人數，總共有六位。我的車頂多只能服務四位乘客，所以建議他們搭兩台車，這樣才不會有超載問題，乘車的過程也舒適及安全。

乘客討論完後對我說：「我們搭兩台車，但可不可以算便宜一點？」

我望向排在第二台的司機，詢問了他的意願，他說沒問題。於是我們將原本三百五十元的車資降為三百元，各自搭載著乘客駛向目的地。順帶一提，其實很巧的是，排在第二台的司機，剛好是當時彰化高鐵特約計程車中，唯一領有身心障礙手冊的司機，感謝該司機願意一起提供協助。

路途中，我出於好奇，主動跟乘客聊天。經由乘客告知，這群小朋友是某國小的特教班學生，他們參加校外教學活動，要去故宮南院遊玩。此行除了參觀故宮南院外，也藉機讓小朋友體驗搭乘包括高鐵、接駁公車等各種大眾運輸工具。

「因為剛剛在高鐵站忙著照顧小朋友上廁所、買東西，一不小心就錯過了接駁公車，所以才來搭計程車。」小姐無奈表示。

我嘗試與小朋友互動：「搭計程車也算是一種交通工具的體驗呀！小朋友有坐過計程車嗎？」只見有的小朋友點頭，有的小朋友不理我，有的小朋友很專心地研究車門旁的按鈕。

我接著問乘客：「不過，你們的活動經費沒有補助計程車資嗎？」

依我的理解，這樣的活動應該會有編列預算補助，為何乘客對平均每人幾十元的車資錙銖必較呢？

乘客表示，經費中只補助如高鐵、台鐵、公車等大眾運輸工具，計程車資是沒有補助的，所以這趟計程車錢，老師們必須自掏腰包。

成為自己與他人「美麗的風景」

聽完後我沉默不語，惆悵感油然而生，隨即決定車資不折價了。我說：「老師，這趟任務我就不收車資了，你們照顧天使孩童很辛苦，請繼續加油！」

「真的嗎？不行啦！這樣我會很不好意思。」小姐回。

我騙她說：「不用不好意思，我不缺錢。」

其實，我超缺錢的，只是我實在無法接受老師們辛苦帶著天使孩童去校外教學，卻還要自己倒貼車資，這錢我收不下來。面對有些乘客，一毛車資我都不願意收；另一些乘客，十元車資我都不願意降，今天的乘客，剛好屬於前者。

到達目的地後，乘客打開包包拿錢，說要補貼我一些油錢，我斷然拒絕道：「不用給我，我真的不缺錢。老師，妳帶孩子辛苦了，要繼續加油唷！」語畢，我便開車離去。

人生就是這樣，這趟任務雖然沒賺到錢，但這些乘客卻是我當日看到最美麗的風景。由衷希望，我也可以成為他們校外教學活動中的一片風景。

特別的乘客

某個晚上，在高鐵排班時服務到一對很特別的乘客。當時卡在頭班的我，注意到遠處有一對父子向我走近。並不是我觀察力特別敏銳，而是同行的孩子一直哭，哭得很大聲，讓我想不注意都難。

上車後，那位父親一邊安慰著孩子，一邊跟我說目的地。行進間，我關心起孩子的狀況，用童言問孩子為什麼哭。

「因為我沒坐到公車，我想坐公車，但公車沒有來。」

「爸爸，公車沒有來，你現在要立刻打電話投訴公車，為什麼它沒有來？」

「司機你停車，我要坐公車，你不要再開了，我不想要你開車，停車……停車……。」

孩子在車上邊哭邊咆哮，讓正在開車的我不知該如何是好，評估著是不是應該照孩子的要求先停在路邊，等他冷靜後再繼續行駛。

「你不用理他，繼續開就好了，我的孩子是特殊兒。」父親說。

我沒有再說話。與此同時，那位父親也真的依照孩子的要求，打電話詢問為何公車沒來。得到的結論是，他們原本打算搭乘那一線公車的時刻表早就更新過，跟他們預計搭乘的車班時間有出入，因此沒搭上，讓孩子期待已久的公車之行泡湯了。由於那時候已經有點晚，沒辦法再等下一班，父子才會搭上我的計程車。

對孩子來說，也許我的計程車不比公車更具吸引力，讓他特別失望傷心。若是平常的話，我會積極安慰孩子，對他說，其實計程車也不錯，是專為你們服務之類的話語。但在我知道他是個特殊兒後，便沒再開口說話了。

「閉嘴」就是最好的幫忙

大約二十分鐘的車程中，一路上都是孩子哭鬧的聲音。他至少大喊了十次，叫我停車，而我只是靜靜地任由他宣洩情緒。

結帳時，那位父親不斷對我表示不好意思，因為他的孩子有「固執行為」，所以只要遇到不盡如己意的事情時，就會一直哭鬧。

「謝謝你，辛苦了。」我簡單回應乘客後就離開了。

坦白說，我才覺得不好意思，由於並不了解特殊兒的具體狀況，擔心只會愈幫愈忙，沒有辦法提供有效的安慰，只能一旁看著孩子崩潰。

事後，我去查了乘客提供的關鍵字「固執行為」，才明白那個孩子可能是自閉症兒童。我花了一些時間在網路上爬文章，藉此認識自閉症，並將這個過程當作是一種學習。

這個社會上有相當多的「特殊兒」，並不是我們一般家長有機會理解的。「特殊兒」的家長，到底過得多辛苦，也不是三言兩語就能讓其他家長感同身受。

有很多歧視行為，都是緣於不了解。就好比某些特殊兒並不會有外顯行為，一般人很難察覺，因此遇到別人的孩子正在哭鬧時，「閉嘴」就是最好的幫忙吧。

我覺得自己目前能擁有一個美好的家庭是很幸運的事；我也非常清楚，這並不是理所當然，在某些我們不知道的角落，有人默默幫我們承擔了種種「特殊」的一切。

不管這些特別的孩子降臨在哪個家庭，都是「我們」的孩子。

車資少了，人情味卻多了

前陣子，高鐵站排班服務到一位越南籍移工要去彰化火車站。由於彰化高鐵站離彰化火車站非常遠，我向他說明跳錶金額大概要八百元後，乘客就卻步了，並在站務區徘徊。

不只用語言溝通

由於語言不通的關係，乘客撥了電話給他會說中文的朋友，請對方協助當翻譯，並將電話拿給我聽。我接過電話，電話那頭傳來生澀的中文：

「大哥，我的朋友剛來台灣沒有什麼錢，你有沒有什麼方法可以讓他到彰化火車站比較便宜？」

「我可以載你朋友去高鐵附近的火車站，請他再搭火車去彰化火車站，這樣計程車跳錶大概只要一百五十元而已。請你幫我跟你朋友翻譯，因為我已經跟他講了，但他好像聽不懂。」

我將手機還給乘客，乘客與朋友一陣交談後，終於決定坐上我的車。開車去附近火車站的途中，我想到既然這位乘客才剛來台灣，肯定也不太會搭火車，屆時在火車站因為不諳中文，又要耗費不少時間，甚至會坐錯車。

於是我心生一計，用手機的記事本寫下：

「我要買票到彰化火車站。我是越南人，剛來台灣聽不懂，麻煩協助引導我如何搭車，謝謝。」

寫完後，我再用比手畫腳的方式表達，請乘客先拿手機拍下畫面，然後將照片給台鐵的窗口看。這樣或許能減少溝通的時間。結帳時，跳錶跟我預估的一樣，剛好一百五十元。乘客付錢的時候，點頭跟我說了聲：「謝謝。」那是這趟任務中，乘客唯一說過的中文。

觀光旅遊尖兵

這趟任務從原本的八百元變成一百五十元，雖然車資少了，但人情味卻多了。

誠心希望剛來台灣的越南移工，能夠感受到台灣計程車司機熱情溫暖的一面。

計程車雖然不是門檻很高的行業，但除了發揮主要的交通運輸功能之外，其實它對於台灣觀光旅遊的形象，扮演著極其重要的角色。試想，一位初來台灣的外國人，因交通需求搭了一台體驗不佳的計程車，他會如何看待台灣的觀光產業。

千萬不要覺得只是一次性乘客就隨便服務，也不要因為對方是東南亞移工，就踩著他們語言不通、不知申訴管道的劣勢，狠狠「敲人一筆」。將心比心，如果自己的孩子出國打工，卻被當地的業者敲詐，我想任何人都不會開心的，甚至會對那個國家的印象大打折扣。

若懂得把個人利益，提升擴大到整體產業的格局去考量，相信大家都會對台灣計程車產業更有信心。我知道，也許現在還有些司機的服務令人不敢恭維，一時之間無法改變，但凡事都可以先從自己做起。

第4章

非常乘客

所謂的下次，便是沒有下次

早上不到七點，正準備起床盥洗時，手機突然鈴聲大作。睡眼惺忪的我以為是鬧鐘，正準備將其按掉，但拿起手機後，發現螢幕上顯示著一組陌生號碼，原來不是鬧鐘，而是有人來電。

由於近年詐騙及推銷電話實在太過猖狂，以至於現在只要有「陌生來電」，我都會直接讓它變成「未接來電」。這通電話原本也該如此，但意識到詐騙跟推銷電話通常不會在一大清早還沒上班的時間打來，心裡躊躇著也許有乘客想叫車，於是，在這通電話即將變成「未接來電」前將它接起。

你下次付錢，我下次服務

「喂，你現在在哪？有在跑車嗎？」電話那頭傳來急促且語無倫次的聲音，毫無禮貌可言。

耐心詢問過後，才發現對方原來是我之前服務過的一個高中生，他因為睡過頭而趕不上公車，需要搭計程車去學校。

在計程車業待久早已見怪不怪，過去我也經常服務到需要搭計程車去學校上課的學生。他們選擇計程車通勤的原因五花八門，有的是父母臨時有事無法接送，有的是交通工具壞了，但最常聽到的就是「睡過頭趕不上公車或校車」，就如同這次打電話請我服務的學生一樣。

「我大概二十分鐘後到。」

講完後正準備掛電話，但學生又接著繼續說：「但是，我也不知道今天為什麼會睡過頭啦，我現在身上沒有錢，可不可以下次再給你？」

電話那頭的學生態度嬉鬧，我長嘆一口氣，對那位學生說：「那我下次再為你服務吧！」

車子用「坐」的才安全

記得剛跑車時，想多賺一些錢，多累積一些客戶，只要有派遣任務我都會承接，從來不過濾，以至於經常服務到意想不到的乘客類型。

某個週末夜晚，我接了一通便利商店的任務，乘客是一位熱情奔放的男子。為何說對方熱情？因為男子一上車就與我攀談，問我幾歲、住哪裡、太太讀哪間國中等私人問題；為何說他奔放？因為男子一上車就毫不顧忌形象，直接橫躺在後座，翹著腳玩手機。

你可能好奇，遇到這樣的乘客，我是否有出言制止？坦白說，我的想法是，如果乘客自己對這種躺法都覺得很正常或是無所謂，那這個人肯定不太正常。因此，我也不會貿然制止，以免激怒對方，引發更多的災難。我只能化悲憤為祝福，遙想上次服務到躺著的乘客，是一位病入膏肓的長者。那位長者因重病影響身體機能，既不能走也不能坐，無奈只能橫躺於後座。

大部分的車子是用來坐的，只有少部分的車子，像是救護車、接體車、靈車等才有提供「躺著」的服務。橫躺於一般房車後座的行為其實相當危險，為了保障自身乘車安全，乘車應以坐姿為宜。

這位乘客的行為雖然令人詬病，但我經歷過許多相似的情況，早已麻木。這既然不是第一次，也不會是最後一次，我只能將自己的情緒維持在「唉！算了」那種了然於心的狀態。

下次？我不信！

除了以上行為外，乘客還有一項舉動讓我非常厭惡，也讓我日後不再隨意與乘客分享自己的私事。在乘客「身家調查式」的提問中，問到我太太讀哪所國中，因為他知道我們住在同一個鄉鎮，便詢問看看，說不定彼此是認識的。

我一時間沒多想，結果乘客在得知我太太的姓名，而且跟他就讀同一所國中後，竟然特地上社群網站搜尋，然後對著她的照片品頭論足。

「長得不錯耶，我當時怎麼沒有相中你老婆，可惜了。」這讓我非常錯愕，當下明白，往後如果遇到這種不正常的乘客，絕不能跟他侃侃而談，最好語帶保留。

最後，乘客抵達一處偏僻的三合院找朋友喝酒。結帳時車資五百五十元，但他居然身上沒有錢。他請我等一下，便去找朋友拿錢，結果幾個朋友在門口東拼西湊，才終於湊到了車資。

乘客面露尷尬地朝我走過來，將好不容易湊出來的錢遞給我：「不好意思，我們身上只有五百元，差五十元下次跟你叫車時再給你，反正我們是同鄉，我也有你的電話。」

「好啦！」我隨即開車離去。

那場奇遇發生至今已超過三年了，乘客欠的五十元直到現在也沒還我。原來乘客所謂的下次，多半是下輩子。過去，我常常因為乘客的一個「下次」，蒙受損失；現在，我很清楚乘客所說的「下次」，就如同熱戀時的海誓山盟一樣不可信。

為自己的行為負責

前面提到的學生已上高中，發生了自己「也不知道今天為什麼會睡過頭」的問題，事實上他仍有許多補救的方法，比如搭下一班公車、請家人或朋友幫忙，當然也可以花錢叫計程車，總之他應該自己面對並承擔後果。印象中，我只服務過他一次而已，根本沒那麼熟，實在不懂他為什麼會叫只有一面之緣的司機載他，並且下次再付錢，這種事如果有了第一次，想必會有之後的無限次。

唯一值得欣慰的是，起碼這位學生在電話裡誠實告知，讓我有選擇的機會；而那種明明身上沒錢，卻要搭計程車去找朋友喝酒的乘客，我就不知道該說什麼了。

還好當初他沒有相中我老婆。

有錢就是任性

多年前剛跑車時，美食外送平台還未像現在這樣普遍，尤其在南彰化這個地區，可說是完全沒有。記得第一次在我家附近看到美食外送員時，一度讓我產生彰化有可能會升格為直轄市的錯覺。

什麼樣的臭臭鍋值六百元？

某日深夜十一點多，我帶著疲憊身軀準備下班返家，快到家時，突然響了一通任務。我心想，當時已經沒有大眾運輸可搭乘了，只要不是酒客，應該都是不錯的遠程「大獎」。

我按下了承接鍵，然後先撥通電話跟乘客確認是否搭車，順便從對方說話的口吻來判斷有無喝酒，若是酒客，心裡有個底也比較好應對。

電話接通後，乘客表明沒有要搭車，只是要麻煩我幫他送一下東西，請我先過去叫車地址詳談。我依照導航指示來到偏僻的老村莊，沿著巷弄左彎右拐，才終於抵達指定地點。到了門口，只看到深鎖的大門裡面燈火通明，卻未有人出來接應。這時我再次撥電話給乘客，說明自己到了。

約莫過了兩分鐘，一位目測未滿二十歲，裸著上身，只穿一條四角褲且睡眼惺忪的年輕男子出來應門。

「我要你去幫我拿個東西。」年輕人搓揉雙眼。

「好啊！請問要拿什麼？」

「你幫我去隔壁鎮拿三媽臭臭鍋，我已經點好餐了。」

「什麼？你是說你已經電話點好三媽臭臭鍋，然後要我拿回來給你嗎？」

「對啊！因為太遠了，我懶得騎車去，麻煩你了，回來再跟我算錢。」年輕人說。

「好啊！但我一樣是跳錶收費喔！」

「好，到了再打電話給我。」語畢，年輕人轉身進門。

當時，我原本想將他叫住，請他先付車錢，我再去幫他拿，這樣才不用承擔收不到錢，手上卻多了一份三媽臭臭鍋的風險。不過，我無意間看到，乘客家的車庫裡停放著好幾台高級名車，因而作罷。

我心想，應該不會收不到錢吧？

任務完成後，乘客點的三媽臭臭鍋外加一項火鍋料，總共一百四十元，跳錶金額四百七十元，合計六百一十元，我只跟他收六百元，便宜十元。

要自尊還是要錢？

回程路上，我心中不斷感慨著這個世界形形色色的生活樣貌。在我十幾歲時，母親正努力靠著賭博坐吃山空，有時窮到連泡麵都吃不起；今天有人因為深夜十一點肚子餓，懶得騎車去拿消夜，於是叫計程車去幫他拿，完全不在乎運費比食物貴好幾倍，花高級麻辣鍋的費用，只為了吃三媽臭臭鍋。三媽臭臭鍋的味道在車上一直揮之不去，就像我複雜的心情還化不開一樣。

夜深人靜，我在車廂內獨自惆悵，甚至將一股無以名之的感受偷渡、歸咎到乘客身上——這位乘客彷彿是在侮辱我，只穿一條四角褲就出來應門；而半夜被一個年輕人叫去拿三媽臭臭鍋，也算是一種奇恥大辱。我總覺得這趟任務雖然有賺錢，但賺得好像很沒意義。

回想起剛開始跑車的我，趾高氣揚，不可一世，誤以為計程車的每趟任務都應該像開救護車一樣神聖，試圖藉由這份神聖的想像，來武裝自己對這份工作的自卑。

可是跑車一段時間後，那些無謂的自尊高牆，逐漸被現實擊碎成殘磚敗瓦；又或者說，在無數次光怪陸離的服務經驗後，我已被迫習慣了這份工作，慢慢在甘於平凡中體悟了一個道理：

錢或許可以買到自尊，但自尊保證換不到錢。

某次服務到一位乘客，我才剛將車停好，乘客尚未付錢就奪門而出。我原以為對方要坐霸王車，結果發現乘客只是在車門旁醉吐。嘔吐的過程中，他欲將手上的兩百塊車資遞給我，但沒等我接過手，錢就落在地上，還沾了幾滴從他嘴裡吐出來的穢物。

我彎下腰，將兩張百元鈔票拾起，好整以暇地把「吾敬愛的國父孫中山先生」擦好、放好，過程中沒有什麼情緒。如果我當時還照著年輕時的個性去跑車，我想非但賺不到錢，身上可能還會背負幾條傷害的罪名；如果我沒有調整自己的個性跑車賺錢，很多「澳洲回來的乘客」，恐怕都會不小心被我服務成重殘。

點外賣，歡迎找我！

有哪個服務業可以任憑自己的情緒反應做事？賺錢難道不重要嗎？如何在工作中找到意義？意義又是什麼？

如今，科技日新月異，美食外送平台興起，即使身處窮鄉僻壤，也可以在手機螢幕上點個幾下，沒幾分鐘，美食就熱呼呼地送到你面前。挺過疫情之後，我再也沒遇到從前「侮辱」過我的乘客。懷念啊！希望彰化的好朋友們，偶爾想要豪邁地叫外送時，不用客氣，可以找我喔！不論是台北的林東芳牛肉麵，還是屏東的萬巒豬腳，歡迎叫我幫您配送，保證送好送滿！

對了，照錶付費。

包裹、詐騙、女車手

某日排班的時候服務到一位年輕女性乘客，依她的行程粗估，跳錶要一千五百元，但她身上只有一千元。依照順序，她應該要坐排在我前面的那台頭班車，但她與司機協商未果，司機指著我這台車，請她來問我願不願意載。

了解這位乘客的窘境後，我開門請她上車。一路上她不斷道謝，說自己因為人生地不熟而下錯站，還好遇到我這麼好說話的司機。她抱怨說，不只是我前面那位頭班司機不願意載，就連她上網查詢到的「白牌」車行，都沒有司機願意載，直說這樣的路程只收一千元不划算。

我對她說：「白牌車我就不評論了，但請妳不要太苛責前面那位頭班司機。照錶收費是依法收費，不管妳覺得貴或便宜，那是政府擬定的收費標準，司機本來就沒有義務要算妳比較便宜。」

「難道司機都不能不跳錶嗎？」她質疑。

「小黃司機工作時也算是個體戶，自己就是老闆，要不要跳錶、能不能算便宜一點，完全出於個人意願。每個司機想法不同、立場不同，答案自然也不同。說實在的，跑車時難免會遇到有困難的乘客，少收車資或不收車資，甚至還給乘客送物資的情況，我都經歷過，能幫忙就幫忙吧！」我回答。

「哇！你真的是一位很好說話的司機囉？」乘客詢問。

我想了一下，搖搖頭。我不覺得自己是一個好說話的司機，願不願意減價，完全看值不值得。有的乘客值得你在交易上打折，而有的乘客則是值得你在內心深處將其打到骨折。

遇到有困難的乘客，我很樂意在車資上給予優惠，甚至不收車資；但遇到明明沒有困難，甚至是剛出國旅遊回來的乘客，還要求便宜幾十元才願意搭車，我多半會果斷拒絕。簡單來說，值與不值，完全出自於乘客的根本需求及議價態度，我不認為有義務要提供幫助給經濟能力優渥的人。

結帳時，跳錶金額為一千四百七十元。這位小姐在皮夾裡不斷翻找，最終只找到了九百九十八元。

好，就這樣吧！

假困難，真訛詐？

幾天過後，跑車時手機突然響了，是一通陌生來電。當時車上有乘客，我沒有接聽，想不到對方不死心，不斷奪命連環叩。乘客下車後，手機再度響起，我將車停在路邊，接起電話。

「您好，請問是王國春先生嗎？我是○○分局的警察。」電話那頭傳來一位男子的聲音。

我內心嚴肅了起來，心想該不會在哪邊不小心違規被檢舉？還是這位自稱警察的其實是詐騙集團的成員，想騙財騙色？

結果都不是。

那位警察詢問，我對上星期接到的某次任務有沒有印象，因為我服務的乘客可能從事非法勾當，現在警察正在找她。

記得那位乘客遠從台北南下，只是為了到某間便利商店領一個包裹，領完後再搭乘高鐵回去。在車上時我曾與她閒聊，問她為何包裹會寄錯到彰化？而且這是寄件者的疏失，為什麼讓收件者來領？那位乘客回說，因為包裹退回來彰化的時間，對方剛好沒空領，所以才叫她來領。

「回去一定要跟他要這些交通費。」乘客忿忿不平地說。

在車上，乘客還用手機打電話跟她朋友抱怨這件事，一切也顯得自然，我就沒有再多想或懷疑此事的真偽。

不知為何乘客領個包裹，就跟詐騙行為扯上關係了，超商取貨不是都要本人出示身分證明才能領嗎？倘若她真的為非作歹，也大可不必跟我聊那麼多，畢竟這些都是乘客的個人隱私，司機也無權過問。

我還記得上星期回家後，我跟老婆提起這件事。她眉頭深鎖，懷疑那個小姐會不會是詐騙集團車手之類的。「怎麼可能？不可能啦！我看人很準耶，她不像是什麼詐騙集團啦！還車手咧！如果我看錯人，那我一定是個白痴。」我自信地回答。

現在電話那一頭的警察說：「那位乘客是詐騙集團的車手，因為被害人報案，透過便利商店的監視器比對，我們發現那位小姐從你的計程車上下來，所以才會找上你。」

好吧！我是白痴。

「所以，她是車手？」

警察：「你對這位乘客有印象嗎？」

「有，我有印象。」

不是幫兇，而是受害者

我當然有印象，而且還印象深刻，因為她就是被我寫在小黃日記裡的乘客——跳錶一千四百七十元，結果全身上下只有九百九十八元的那位。

因為我相信乘客身上真的沒錢，所以決定降價服務，沒想到搞得自己還要去警局做筆錄，真是得不償失。人們總說善良是一種選擇，當時的決定是我的選擇，我不後悔，也不生氣，只是對受害人感到有些抱歉。

表面上看來，我就像是個幫兇，但其實我也算是受害司機。的確，很多詐騙集團為了掩人耳目，都會利用計程車來犯罪，讓司機防不勝防，往往也很難避免。

在排班區，我們並不能只因「感覺」乘客很可疑就拒絕服務，這樣會因拒載遭到客訴。只有喝醉鬧事或明顯精神異常的人才符合拒載的條件，其他像是「懷疑」、「看起來」、「覺得」、「感覺」都不能成為拒載的理由。而那天我服務到的乘客與一般人沒什麼不同，只是身上的錢不夠。

到現在我依然相信這位乘客真的有困難，也是因為遇到困難才鋌而走險，或者被洗腦、被利誘，例如詐騙集團給她多少錢，讓她去領取包裹，但她未必知道包裹的內容物是什麼。

「也許她也是被詐騙集團利用的。」我跟警察說。

「有可能，因為她的犯案手法破綻太多了。」警察附和。

想想以前自己也做過一些不好的事，後來遇到了貴人，一步步回到正軌。那位貴人只是單純地相信我，相信我不壞，相信我會愈來愈好。不管這件事的結果如何，真心希望那位乘客能夠步上正軌，腳踏實地，成為更好的人。

相信別人很簡單，懷疑別人很累；我不想每天都要懷疑他人、懷疑乘客，讓自己過得很累。我也不會因為這次事件，就對人性感到失望，我依然相信這世界上還有很多善良的人。

他們是這樣坐霸王車的

關於搭計程車這件事，不只是乘客會擔心坐到服務差勁的車，司機也會害怕遇到「不好」的乘客。

所謂「不好」，有千百種樣貌，多如牛毛，例如品行低下、態度惡劣、胡亂殺價……。若要聽司機抱怨各種光怪陸離的服務經驗，相信一整天也講不完。所以，搭計程車時，最好不要問司機有沒有遇過什麼不好的客人，否則他會跟你抱怨到下車。

計程車屬於半服務業、半運輸業，一趟任務再怎麼委屈，其實忍一忍就過去了。任何不平之鳴，等到乘客結帳下車之後，都將煙消雲散，反正人海茫茫以後也難有機會再遇到。

一個奧客，充其量只是人生的過客，司機完成工作後就能得到報酬。真正讓司機怕的是乘客沒錢，故意坐霸王車，這樣不但沒錢賺，還會浪費時間成本在「送走」乘客。

每個搭霸王車的乘客，結帳時幾乎都會以千奇百怪的理由表示自己沒錢。其中我聽過最特別的是一位跑車三十年的老大哥，分享一次被搭霸王車的經驗。

某次他載到一個年輕人，快到目的地時，停在路口等紅燈，不料年輕人突然開門下車，並以百米速度穿梭在車陣中，往路邊狂奔。

這時司機大哥不疾不徐地拉下車窗溫情喊話：「跑慢一點！有車！危險啦！」然後他看著年輕人頭也不回地消失在人群中。被坐霸王車還能上演「溫馨接送情」的戲碼，我也是頭一回聽到。

我問司機大哥，不生氣嗎？大哥無奈表示：「哎呀！跑車一定會遇到坐霸王車的，沒有司機可以例外，這個行業就是這樣。」

想當然耳，跑車多年的我，沒有例外，也有幾次遇到乘客搭霸王車的經驗。

事件一：找議員兒子就對了

當時我在高鐵站排班，剛好排在第一台，眼看高鐵快要進站，我趕緊利用時間

去一趟洗手間，好應對待會要搭計程車的旅客。

回到車上時，後座已坐著一位老婦，可能是在我去廁所時上車的。老婦在車上語無倫次，一下喊著要去台中，一下喊著要去霧峰。因為還無法確定目的地，我只能沿著台一線慢慢往北走。在車上幾經交談後，我意識到這位老婦可能有狀況。

倒也不是她那毫無邏輯的說話方式，讓我心生疑竇，而是車上瀰漫著一股濃濃的屎尿味，是從後座飄散出來的。我知道這位老婦可能沒錢，再加上她語焉不詳，於是在徵求老婦同意後，將她載去附近警察局尋求協助。

下車時，我試探性地向她收取三百多元的車資，但老婦叫我去找她台中的兒子拿。老婦說自己的兒子是議員，很有錢，他會付車錢，然後就逕自走進警局報到了。

我目送著老婦走進警局後，將車駛離，不是去台中找她兒子，而是回家休息。我當然沒去找她兒子拿錢，我連她兒子的姓名都不知道，只知道老婦口中的兒子很富有、很厲害、很威風、很有勢力，是一位大議員。

但是老婦的兒子在哪呢？我不知道，可能老婦自己也不知道吧。

事件二：搭計程車去流浪

一日午後，我接到某間醫院門口的衛星派遣任務。將車開到目的地時，發現一位小姐佇立在路邊，地上還堆放著好幾個裝滿物品的塑膠袋，那似乎是她的全部家當。

上車後，這位小姐明確說出要去某間便利商店。就在開車前往目的地的途中，她開始抱怨醫院的不是，還問我有沒有認識的律師，她要告醫院，要告死某醫生。

「我要告死他們！」小姐怒髮衝冠。

此時，一股不祥的預感油然而生，因為車上瀰漫著一股熟悉的屎尿味。經驗告訴我，這位小姐一定不會付錢。原本還想試探性地問她有沒有錢，轉念一想到達目的地的車資不到一百五十元，就當自己做個好人幫忙一次。

抵達指定的便利商店後，沒等我開口，小姐主動問我多少錢。我看了看計程錶說：「總共一百三十五元。」

小姐打開錢包準備掏錢出來，此刻我不禁詫異，難不成是我的第六感出錯？她應該不太可能有錢付車資啊！這時候第六感出錯是一件好事，但總覺得哪裡怪怪的。

「啊！」只聽見小姐突然大叫。

「怎麼了嗎？」

「我的錢不見了。」小姐把錢包的夾層翻出來給我看，裡面空空如也。

「喔，是喔？」

「現在怎麼辦，你要報警嗎？」

「沒關係，才一百多塊而已，下車吧！」

就這樣，我讓那位小姐走了。雖然我打從心底不相信她的錢真的不見了，但實在不想再浪費時間與她計較。

我很清楚，社會上許多角落都有故意搭計程車流浪的邊緣人，沒有人在乎他們。遇到這樣的案例，就算公權力介入也多半沒用。他們很快又會回到街上，繼續流浪，繼續被社會遺忘。我不禁好奇，這位小姐這一站到了便利商店，下一站，哪位苦主司機又會將她載去哪呢？哪裡才是她的終點站？

少賺沒關係，只要不餓肚子就好

在計程車業，乘客大都會因為一種「未知」的關係，而對司機產生不信任感，而這樣的不信任感其實是對等的。乘客與司機所擔心的事情大同小異，差別在於乘客可以選擇司機，選擇自己信任的派遣車隊，但司機往往不能選擇乘客。簡單來說就是：你怕，我比你更怕。

我也不希望遇到酒醉的、拿傢伙要去拚輸贏的、精神有狀況的，或是故意坐霸王車的，但我能避免嗎？因為無法完全避免，所以只好調整自己的心態。開車多年，我也還在練習，練習對這個社會多點包容與理解；而包容與理解的代價，往往會很直接地反應在營業額上。

還是那句老話，少賺沒關係，只要不餓肚子就好。跑車那麼多年，光是每天自由自在地選擇午餐要吃什麼，飽足一頓，就能讓我感到幸福了。

每當車上傳來啜泣聲

某日下午進高鐵站準備排班時，發現要搭計程車的旅客都在站務櫃檯排隊，這意味著排班計程車呈現缺車的情況。

我緩慢開往排班區，準備要服務一位正在站務櫃檯等候的旅客，突然一位女子半路攔截，以迅雷不及掩耳的速度打開後座車門並坐上車。

我隨即轉頭提醒：「小姐，搭計程車要排隊唷！」

「沒有關係啦！我剛剛也一直被插隊呀。」

插隊的乘客是位穿著清涼的年輕女子，她的眼神空洞且飄忽不定，語速異常緩慢，向我說明著那些無法查證的理由，來合理化自己的插隊行為。

我看著前方排班區的站務人員正無奈地搖頭揮手，並安撫著我原本要服務的那位旅客。我又看向後方，發現還有計程車進站，表示排班區的旅客不需要等候，立刻可坐上後面那台車，於是默默嘆了口氣，往前行駛。

背後肯定有故事

倘若是平時，我可能會大聲斥責並告訴她：「我的車子正在緩慢移動，妳突然這樣開車門是非常危險的。」「妳應該要排隊，插隊是不對的。」但這次我並沒有這麼做，因為當我轉頭打算開口的時候，瞥見這位女子瘦骨嶙峋，四肢各處除了有些小刺青以外，還有更多的是瘀青。

雖然不曉得瘀青的原因，但從她的行為及說話邏輯，我判斷也許情緒方面有狀況。所以，我打算先配合她，避免她產生更多負面情緒。如果她產生更多負面情緒，對我百分之百也會帶來負面影響。

每次服務到類似乘客，我的心理壓力都很大。一方面擔心收不到錢，另一方面也擔心萬一不小心讓乘客情緒起伏，在車上做出脫序的行為。然而，我也期許自己是一個有同理心的司機，沒看到事情的全貌，絕不妄下評論，也不隨意批評根本不熟悉的人。

我在內心告訴自己，這位小姐的行為令人不敢恭維，但她的人生應該遭遇到一些事、一些難關，才出現違反常理的行為。她身上的刺青，就像是一篇篇人生故事，而瘀青也是。

上錯車的插曲

突然，我聞到一陣薄荷味，找尋味道來源時，發現乘客嘴巴吐出煙霧，她正自顧自地抽起電子菸。本想出聲制止，瞬間憶起多年前我也曾制止一位小姐在車上抽電子菸，結果對方抱著她的女兒（博美狗）痛哭，並叫我不要對她那麼兇。

「唉，算了。」我只能在心裡不斷安慰自己，還好乘客沒有一直抽，還好電子菸沒有傳統捲菸難聞。我將空調開啟外循環模式，試圖讓內、外空氣流通，稀釋車上電子菸的味道。

經過便利商店時，乘客請我停車一下，她要買個東西，我配合地將車停在商店門口等候。過往的經驗告訴我會等很久，原以為這次也不例外，但沒幾分鐘，乘客就從便利商店走出來了。

當乘客開車門時，我見狀馬上鳴按喇叭提醒，因為她開的是停在我前面那台的車門，還準備坐上去。我的計程車是黃色的，前面那台自用車是白色的，照理說不該認錯。乘客一臉難為情地回到車上後，開始分享她小時候在鄉下與阿嬤一起生活的故事。我並不感興趣，但仍然努力扮演好傾聽者的角色。

我認為，乘客願意主動分享自己的故事，是基於對司機的信任。對這位乘客而言，她應該覺得乘車空間是安全的；但對我而言，這種情境讓我相當不安，深怕她在後座做出意想不到的行為。承受如此壓力的我，很難與乘客侃侃而談。

當乘客哭泣時

「我阿嬤前幾天過世了。」乘客講完這句話就沒再說話，並開始用啜泣聲傳達她當下的心情。

我沉默不語，只是安靜且專注地開車。成為計程車司機後，其實常常遇到乘客在車上哭泣。每次遇到這種情況，我都不會說什麼安慰的話語，也不會自以為幽默地想辦法逗乘客開心。我想，最好的安慰，就是認同乘客的眼淚是一種勇敢而非懦弱的情緒表現。遇到傷心難過的事，流淚很正常；明明很難過卻沒有眼淚，那才有些不尋常。

因此，遇到乘客在車上哭泣時，我沒有說過「不要哭、要樂觀、要堅強、要勇敢」這類不著邊際的話，而是默默認同乘客的眼淚，並適時遞出衛生紙。從我的角度來看，這樣的「安慰」會比講再多的話都來得恰當吧。

快到目的地時，乘客再度表示要去便利商店裝水。這次我選擇下車等候，以防她又不小心上錯車。所幸，乘客既沒有讓我等太久，也沒有上錯車；只是，她上車後，哭得比剛才更大聲——不是默默流淚的那種啜泣，而是嚎啕大哭。儘管看過形形色色的乘客與各種情況，但遇到一位年輕女子在我車上痛哭，心中不免掬一把同情淚。

「她與阿嬤的感情一定很好吧？」正當我這麼想的時候，乘客說，剛剛去便利商店想裝些冷水，但店員說只有熱水，於是她拿出自備的保溫瓶盛裝，結果原本裝在保溫瓶裡面的冰塊，遇到熱水後就融化了。她又問有沒有冰塊可以買，店員回答剛好賣完。於是，乘客一邊崩潰大哭，一邊抱怨著自己討厭回鄉下，就是因為會發生這樣的事情。

雖然乘客的「哭點」與我猜想的有些出入，但我還是選擇默默接受乘客的宣洩。

同理心便是最好的服務

目的地位於巷弄之間，原本還擔心以乘客的狀況有可能報錯地點，需要花時間尋找，結果順利抵達。也是因為那裡搭了醒目的棚子，也就是乘客阿嬤的靈堂。結束這趟任務並收到乘客付的車資後，終於鬆了一口氣。我在心裡鼓勵自己，又完成了一項「艱鉅」的任務，將乘客安全送到目的地。

離開時，我看著正在捻香的乘客，不禁想著她在車上說的話，到底哪些是真的，哪些是假的？她的情緒又有哪些是真的，哪些是假的呢？

我期許自己能夠發揮同理心，提供乘客更好品質的服務。有了同理心，我發現很多事情不只有一種解釋、一個答案；當我發現答案不只有一個的時候，眼前的世界也更加豁然開朗。

不要當「渣」男

前陣子，在高鐵排班時遇到一對男女要搭車，上車之後，男子表明要去彰化殯儀館。

「彰化殯儀館，你們確定嗎？因為彰化殯儀館在彰化市，離這裡非常遠，大概有三十公里左右。」

我沒開動車子，而是先說明距離以及大概的車資，以免駛離排班區後，乘客卻反悔說不要坐車了，我就得重新排班。

不料，男子聽完後在車上破口大罵：「彰化殯儀館耶！哪有可能？唉！遇到一個不可靠的。」

我深吸一口氣，轉頭望向後座乘客並說明：「大哥，如果你覺得我說的是錯的，你可以用手機查詢一下，彰化殯儀館距離彰化高鐵站就是這麼遠，除非你不是要去彰化殯儀館。」

男子尷尬笑著說：「沒有啦司機，我不是在罵你，我是在罵我老婆啦！」

聽完男子的解釋，反而讓我更加錯愕，為什麼是罵他老婆？接著，男子又對著老婆繼續大罵：

「叫妳查個地址都不會查，那麼簡單的東西，還可以坐到彰化高鐵來，以後事情都不要交代妳處理，真是沒用！」女子聽了也只是低頭看著手機，似乎在查詢實際距離，沒有要替自己辯解的意思。

為了避免尷尬，我提出折衷的辦法，緩頰說道：「要不然我載你們去附近的火車站？你們先搭到彰化火車站，再坐計程車去殯儀館，這樣車資會比較划算。」

「免啦！直接去殯儀館就好了。」接著他繼續抱怨：「叫妳查個東西都不會。」

他們要去殯儀館參加告別式，男子的責怪讓車內溫度凍結，肅穆的氛圍已提前蔓延。車程大概四十分鐘，男子有三分之一的時間都在抱怨，而他老婆只是靜靜地坐著，完全沒有開口說半句話，完全沒有。

噴渣的人形榨汁機

下彰化交流道後，行經市區，男子又開口了：「運將，等一下若有經過檳榔攤時，麻煩停一下，我要買東西。」

「好的。」

我對乘客這樣的要求早已司空見慣。有些乘客有嚼食檳榔的習慣，會請司機經過檳榔攤時停一下；有些熱情的乘客，甚至還會問司機要不要來一顆。我現在對檳榔是敬謝不敏，無法享受這樣的「口福」。

經過檳榔攤，我將車靠邊停妥，男子吩咐老婆下車買兩罐啤酒。原來不是要買檳榔，而是啤酒。儘管是自己要喝的，卻使喚老婆下車去買。

記得剛上車時，男子才抱怨老婆，說以後什麼事都不要交代她「處理」，結果馬上又交代老婆了。他先前高張的氣焰，我都還沒忘，他已忘得一乾二淨。

此時距離彰化殯儀館的車程只剩十分鐘，光這短短的十分鐘，男子在車上暢飲兩罐啤酒。即便酒喝完了，他的口腔也沒閒著，不斷嚼食著自備的檳榔。嚼食過後的檳榔渣，就逕自開窗往外扔，接著再拿出一顆繼續嚼。當時我認為，該被扔出窗外的不是檳榔渣。

男子在嚼食檳榔的過程中，嘴裡還時不時「噴」出檳榔碎屑。沒吃過檳榔的人可能無法理解，為何我會用「噴」來形容。這是因為吃檳榔時，牙縫會卡檳榔碎屑，就如同吃飯時牙縫會有菜渣一樣。但是跟菜渣不一樣，檳榔渣不能吞食，加上嚼過的檳榔纖維又很粗，所以吃檳榔者普遍有個不好的習慣，就是會到處亂「噴」檳榔碎屑。

好幾次，嚼食檳榔的乘客下車後，我都得清潔車上的檳榔碎屑，有的黏在窗戶上，有的黏在地板上，有的還黏在椅背上。所以，我很怕服務到這類宛如「移動榨汁機」的乘客。

情感關係也需要投資

到達目的地時，男子開門就下車，留下女子在車上結帳。看著女子低頭拿錢，我想起與老婆之間的小故事。

某個週末早晨，我與老婆到住家附近的早餐店吃早餐。用餐後，我步出早餐店，在路邊等老婆結完帳後一同離開。沒多久，老婆面帶詭異笑容走過來，我問她在笑什麼，她說：「老闆娘看到你吃完早餐後自己走出店門口，沒有等我，就說你一定很大男人。」

當時我認為老闆娘的說法過於武斷，怎麼能單憑這件小事就評判我很大男人？直到成為計程車司機，服務過許多夫妻乘客後，我才漸漸同意老闆娘的看法。

我也發現，一些看似微不足道的小動作，可以反映出一個男人如何對待另一半。有些男人在上車前會主動開車門，讓另一半先上車；下車時，也會幫另一半開車門，但有些男人只會管自己上下車。

以前我總認為這沒什麼大不了，另一半好手好腳的，自然可以自己開關車門，何需他人代勞。但成為計程車司機後，我才有機會以旁觀者的角度來看待這些行為。原來，在一段關係中，男人完全不體貼的行為竟是如此討人厭。我也開始修正過去認為沒什麼大不了的事情，並有意識地練習，讓自己成為一個體貼的男人，成為守護另一半的靠山。

就算成為不了靠山，只是單純滿足另一半小小的虛榮，我認為都非常值得。一段良好的關係，需要靠幸福指數來維持，「體貼」雖是小小的舉動，卻能將心意傳達給另一半，讓對方感受到，何樂不為呢？

身為老公，如何做出正確的選擇

最近與老婆的互動更加深我的信念。某晚老婆心事重重，說起工作時受到的委屈。由於那天她人不舒服，忍著頭痛加班趕工作，結果還被主管「指導」，一連串的挫折，讓她下班後忍不住在車上爆哭。

其實，老婆從來不曾跟我吐過工作上的苦水，我聽完後感覺到事情的嚴重性，但是又不曉得該說什麼才對，只好假裝一派輕鬆地滑手機，一邊思考對策。

我沙盤推演了幾種回應方式，並快速分析可能造成的結果。

一、直覺式的安慰：「唉呀，這有什麼好哭的，別那麼玻璃心，不用理他就好啦。」

結果：非但沒安慰到，還可能給老婆帶來二次傷害，沒處理好的話，婚姻就會岌岌可危。

二、激化矛盾，並與老婆一起憤慨：「對呀！怎麼會這樣，辭職算了！」

結果：情緒問題沒解決，還可能導致老婆憤而離職，然後家庭經濟陷入困境。

三、訂一間高貴不貴的牛排餐廳請老婆享用。

結果：透過美食撫慰人心，汲取正能量。

經過比較，第三種方式是相對安全的。我自認嘴巴比較笨，為了不要弄巧成拙，當下沒講什麼話，滑著手機找牛排餐廳資訊，刀手完成了預訂。

結果那天我與老婆來到餐廳，翻開菜單第一頁後，我突然有股衝動，很想問老婆這次結帳的流程能不能走ＡＡ制……。

總之，那天兩人的用餐很愉快。我雖然花了超過六千元，但能與老婆一起度過兩人時光，讓她感到開心，並重拾工作的信心與動力，我認為非常值得。透過實際行動，我希望自己能成為老婆的後盾。

予取予求的巨嬰

手中接過了女子遞來的鈔票，找零時，我脫口而出對她說了聲：「加油！」人家來殯儀館參加告別式，我為什麼跟她說加油？是希望她在喪禮過後更加堅強，還是希望她在婚姻關係中能勇敢一點？

我不知道。

而這個男人的行為到底是沙文主義的心態作祟，還是過度依賴另一半的不可理喻？我不是兩性專家，這輩子恐怕也不會成為，我只是有機會在觀察別人關係的過程中反省自己，期許自己不要成為對另一半予取予求的男人。

予取予求的男人，一旦被剝奪了「理所當然」的習慣後，還有辦法獨立生活嗎？男人的行為再次提醒我，要從生活中的小地方開始，好好投資經營自己的婚姻，與老婆一起幸福地走下去。

醉生夢死的背後是什麼？

小孩升國小後，因地利之便，接送上下學的工作就由我跟太太共同分擔。相較於幼稚園時由我全責接送，我多出了不少自己的時間。前陣子，我把這些時間用來煮飯；最近，我將這些時間用來工作。

有幾天，我跑車跑得很晚，一直到高鐵末班車結束後，還專程開車到居民較多的城鎮去承接派遣任務。接到的任務並不多，也就只有兩趟，一天一趟。相同的是，這兩位乘客都是喝醉酒的；不同的是，一位有付車資，另一位沒付車資。

一句謝謝抵車資？

已經有一陣子沒遇到搭乘霸王車的酒客，這次我心中竟沒有太多的情緒起伏，可能是因為短程，沒什麼太大的損失；也有可能是跑夜車，多少已有心理準備。

這次坐霸王車的乘客，到達目的地，只說了聲謝謝就打開車門離開。下車後，他靠在一家已打烊的店門口醉吐，過程中還不斷用力捶打店家的招牌。我躊躇著要不要下車「提醒」他一百二十元的車資還沒給我，但最後我放棄了，也擔心一旦提醒他，他捶打的東西就不是招牌，而是我了。

雖然我有信心可以在三招之內讓他在地板上好好「休息」，但我不能、也不想這麼做。選擇隱忍，不是因為軟弱，而是知道這樣在深夜出現的不少是社會邊緣人。

即便我極力捍衛自己的權益，可以預見的是，我們雙方會來到警察局，我跟警察的表情都極度無奈，而那位乘客還在醉生夢死。這麼做不僅浪費時間，最後我大概一毛錢車資也拿不到，酒醉的乘客會回到他原本的生活型態，繼續重蹈覆轍。

我能夠想像，這樣的人只要手邊突然有點錢，必然會優先買醉；等到坐吃山空後，再開始做一些「不用錢」就能做的事，就像搭霸王車。他不怕公權力介入，因為身上早就揹著一條條的前科，根本也不差再加一條了。

人生的蝴蝶效應

比起憎恨，我對他有著更多同情。他過去到底經歷了什麼，才會讓現在的自己活得如此狼狽不堪？把人生的掌控權讓渡給了酒精或其他東西？

我看著那位「忘記」付車資的酒醉乘客，就像看到從前的母親一樣，也像看到過去的自己……。二十年前，如果我沒有及時清醒，下定決心脫離以前的環境，也許，今天在路邊醉吐跟捶打招牌的人就是我了。過去每一個小小的決定，都可能對未來產生巨大的蝴蝶效應。

夜晚過去，我醒了，乘客也應該酒醒了，但是那樣的人生，到底什麼時候才能清醒呢？

第5章

眾生相

司機與乘客的角色互換

那是一個風和日麗的下午，在高鐵排班時，服務到一位剛熄完菸的中年男子。男子佩戴著眼鏡，體態略瘦，膚色黝黑，有點不修邊幅。根據過往經驗推測，有很大的機率是從事勞力密集的工作，剛下班準備返家。

乘客的目的地很近，大約十分鐘車程。行車過程中我們並未交談，一直到十字路口停等紅燈時，乘客開口說：「司機先生，你等等過紅綠燈後，先在前面的路邊停一下，我去商店買包菸。」

「哦，好啊！」我將車靠邊停妥，開啟雙黃燈等待。

乘客請司機路邊停車並等他下車買一下東西，這算是常有的事，只要不耽誤太久的時間，我多半都願意配合。畢竟會選擇搭計程車的人，很可能就是沒有交通工具的人。對我來說，犧牲一點時間體諒別人，不會有什麼損失。但是，也有某些情況是我比較不能接受的，比如乘客上車前沒有事先告知具體行程，只說了最終目的地，但途中卻「多次」麻煩司機停車讓他處理事情或買東西，這就相當讓人困擾了。

你順便，我不便

我服務過最荒唐的一次任務是這樣的：乘客上車後說，經過北斗時先讓他買一下肉圓；我想說等一下沒差，大家互相體諒。買完肉圓後，乘客又說等等經過甘蔗汁店時停一下，他要買甘蔗汁。因為乘客上車前沒有事先交待這些行程，所以當時我已經很不高興了，但秉持著服務精神，還是選擇忍耐。沒想到乘客買完甘蔗汁後，又說要去某間銀行領一下錢……。

那趟任務讓自詡脾氣好的我怒火中燒，尤其這些行程都完全順路，顯然乘客是早有計劃的，卻不在上車前告知。他可能擔心事前告知會被司機拒絕，因此故意等快到了再「麻煩」司機停車。因為任務已在進行中，司機多半會無奈接受，畢竟車資都還沒收到，也只能等了。

我們是計程車，有些乘客喜歡把計程車當成私家車使用，這是不適當的行為。如果乘客有客製化需求，應該在上車前主動告知，並且詢問司機的意願，待雙方協調有了共識再搭乘，而不是上車後突然新增好幾個「需求」。

很多司機常常會有早已預約好的任務，必須精準掌控時間。比如，當排班時有乘客上車，司機可能已在評估前往目的地所需的時間，並判斷是否會與下一趟的預約任務衝突。若時間上有衝突，排班司機多半會相互協調，請排在後面那一台計程車的司機來服務。

如果乘客上車後臨時加了一大堆行程，便會打亂司機的時間安排，造成困擾。倘若只是去麥當勞得來速買個套餐、去便利商店影印資料，或去檳榔攤買香菸、檳榔，那就算了，畢竟不會等太久。若是要在鬧區排隊買肉圓，之後又買甘蔗汁，然後再去銀行領錢，那真是太「順便」了。敢提出如此「豐富」要求的乘客，著實讓我大開眼界。

乘客自以為的「順便」，除了會耽誤時間，影響司機的任務安排以外，更麻煩的是有停車不便的問題。乘客買東西或辦事情的地方，多半都不能臨停，這時若因等待乘客而被檢舉，事後收到罰單司機只能自認倒楣，照單全收。這也是為何計程車司機不喜歡配合等待的原因。而且萬一因為違停等乘客，造成其他用路人視線阻礙而發生事故，追究起來，違停司機也有責任，那就不只是繳罰鍰那麼簡單可以解決的了。

我變成了老師？

所幸，這次服務的這位乘客，單純只是買包菸，沒有要買肉圓、甘蔗汁，外加去銀行領錢等其他需求了。

「謝謝你啊，還讓你等。」乘客返回車上之後說。

「不會，才一下子而已。」我禮貌性地回覆。

也許是因為我不僅等他，還表現得很客氣，車上的氣氛瞬間熱絡許多，我們聊了起來。

「大哥，您在哪工作啊？」我好奇問道，想知道結果是否跟自己猜想的一樣，乘客從事勞力密集的工作。

「我喔，咳咳！」乘客乾咳兩聲繼續說道：「我在〇〇國小教書。」

「教書，您是指教導學生的那種教書嗎？所以您是老師？」我再次確認。

「對啊！看不出來吼？」

「大哥，坦白說真的看不出來，我覺得您比較像是一位計程車司機。」我半開玩笑地說著。

「哈哈哈，我也覺得你比較像是一位老師。」乘客回應。

「哈哈哈。」我們在車上開懷大笑。

別以貌取人

踏入職場後，受限於世俗的框架，日復一日、年復一年，我們被社會雕塑成「應該」要有的樣子，也忘了自己原本的樣子。車廂內明明是兩個成年男子，此時卻笑得跟孩子一樣。

我們笑，因為這個社會對我們的職業都有些刻板印象。人們喜歡為每一種職業上妝，比如老師「應該」要一表人才、文質彬彬、無菸酒嗜好、無紋身刺青；計程車司機「應該」是中年大叔、品行不佳、無法在社會立足、有諸多不良嗜好。

開車這幾年來，我發現職業的價值並不是世俗、職稱、頭銜所賦予的；職業真正的價值，是每個人能夠替這份工作創造出什麼價值。我認為，每個職業都應該受到尊重，也不應該只透過職業去評判一個人。

一位國小老師抽菸，就一定是糟糕的老師嗎？我相信，只要他不在學生面前做出不良示範、不對學生產生不良影響、不違背公序良俗，類似抽菸這種不太健康的嗜好，與他的教學品質、是否是位好老師未必有關。相反的，若要以「老師就應該要有老師的樣子」這種刻板印象去看待老師，甚至認定抽菸的老師就不是一位好老師，無法教好學生，未免失之武斷。

透過這次服務與車上的短暫閒聊，這位乘客給我的印象是，他是一位沒有外在包袱、坦率且真性情的老師。但若依照社會刻板印象，我們可能因外在形象而被換了角色，他當了計程車司機，而我變成了老師。

遇到最討厭的「事」，看到最想學習的「人」

最近因忙於其他工作，前往高鐵站排班的頻率大幅降低。前幾天，上午服務預約的乘客去搭乘高鐵，待乘客下車後，我就順道進高鐵站排班，結果遇到所有司機都不想遇到的事……

一杯飲料掀起內心波瀾

乘客在繫安全帶時，沒有將手中的飲料拿好，結果安全帶一扣上，一大杯飲料就打翻了，灑在車內的地墊上。由於那杯飲料是拿鐵，含有牛奶，很快地車內就瀰漫著一股揮之不去的異味，我的心情也迅速掉到谷底。

「不好意思，不好意思，我不小心打翻咖啡了，我會幫你清乾淨的。」乘客急忙表示。

我嘆了一口氣，專注於開車，沒有回應乘客，盡量隱藏好自己的情緒。我相信，脾氣再好的司機，遇到這樣的事也很難不生氣。我自認為工作情緒管理極佳，卻難逃魔咒。畢竟，這台車才牽沒幾個月，且前一天剛洗過，車裡車外都整理得相當乾淨，不料才過一天就被那杯該死的拿鐵給玷汙了。

「未免也太不小心。」

「為什麼飲料不拿好？」

「明明車門旁就有置杯架。」

「為何不請我先幫忙拿就好？」

「道歉有用嗎？」

「這是我的車又不是你的車。」

……

我內心充斥著非常多責難乘客的話語，但沒有說出來；我秉持著服務業的精神，只能努力壓抑自己的怒氣。等到在路口停等紅燈時，我回頭關心車內情況，不出所料，拿鐵在地墊流淌，我的眼淚則在內心流淌。

原來如此

乘客彎腰拿著濕紙巾不斷擦拭地墊，此刻，我忽然發現乘客的手指關節處呈現扭曲、變形的情況，沒有一根手指是平直的。雖然不確定是意外或疾病造成的傷害，但可以確定的是，這必然給他的日常生活帶來諸多困擾。

此時的我怒氣全消，內心只有滿滿的愧疚——為剛剛的怒火中燒感到愧疚不已。原來乘客也非常努力地生活著，只因雙手無法操控自如，才會「不小心」打翻飲料。對一般人來說，不小心可能真的是因為沒注意造成的；這位乘客的不小心，卻已經是盡了很大很大的努力了。

「你不用整理，我等等再來整理就好了。」我邊開車邊說。

「不用啦！你等等還要載客，怕會影響到其他乘客。我有濕紙巾，下車前我會把車子擦乾淨，你放心。」乘客並沒有停下動作。

我聽到後方傳來包裝袋摩擦的聲音。我很清楚，那是乘客為了要抽取濕紙巾，但因為雙手不好使喚，只能不斷反覆嘗試所發出來的。那本該是讓人心煩的噪音，此刻卻被乘客譜出了「努力生活」的旋律。

我的眼淚又在內心流淌，但這次不再是心疼車子，而是心疼乘客。

「你們跑車很辛苦，工作時間又長。」乘客邊擦拭地墊邊說。

當乘客說出體諒職業駕駛的話時，我對乘客感到無比敬佩。依照現今的普世價值，應該是我們要去體諒身體有障礙、失能的人士，這位乘客卻反過來體諒我們計程車司機。

值得尊敬的對象

乘客並沒有用他不便的雙手去博取絲毫同情、去合理化飲料打翻的意外。飲料打翻後，他除了道歉之外，沒有替自己做辯解，比如手不方便、不是故意的、繫安全帶沒注意云云。哪怕乘客只是稍微辯解一下，我心裡都會比較好過一些，但乘客沒有，他就只是默默地擦拭地墊。

相較於過去，我曾遇到乘客打翻了飲料，以趕高鐵為理由，丟下一句「麻煩你清一下」就匆匆離去。甚至還遇過幾次飲料打翻也不告知，裝作若無其事地離開，一直到車內瀰漫著怪味，我才發現後座地墊上的一灘液體。

過去那些不好的經歷，反而讓我更尊敬眼前這位乘客。有些人外表看似健全，內心卻充滿缺陷；有些人外表看似有缺陷，內心卻無比強健。這位乘客，無庸置疑是後者。車子髒了，清洗一下就好；但人心髒了，該如何清洗呢？

乘客下車後，我會先把車子的地墊刷乾淨；地墊刷完後，我要利用時間立刻留下紀錄。

雖然，我遇到了所有司機都不想遇到的事，卻也發現了自己想學習的「人」。

流浪只是過程，不是終點

早上，一如往常地在高鐵排班，當輪到我排第一台時，一位年輕人朝著我的車子走來。我在車上與他四目相接，以眼神示意後，確定他是要搭計程車的，便趕緊下車迎接他並幫忙放置行李。

乘客帶了一把吉他與一個大行李箱。我小心翼翼地將這兩件行李放置於後車廂，接著回到駕駛座執行任務。乘客上車後，表明要去南投某處，因為路程不算短，於是我邊開車邊與他聊了起來。

「我看你的行李中有吉他，是要去南投表演嗎？」

我載過許多樂器，印象最深的是大提琴。因為一般房車根本放不下，我必須把後座的椅子放平，讓大提琴的琴腳斜躺於後車廂，琴頸跨越前後座，琴頭則幾乎快頂到右前方的擋風玻璃。唯有如此，才有辦法將大提琴「裝」進車內。

在前往刺青的旅途上

當時那位攜帶大提琴的外國乘客要去某俱樂部演奏。經驗告訴我，若有乘客同時攜帶著樂器及大行李箱，多半是去表演的。他們的大行李箱通常會放置擴音設備或服飾之類的表演用品。

「不是耶！我要去南投找認識的朋友幫我刺青。」乘客講完後，順勢將他的袖子挽起，露出前臂清晰的「割線」。以刺青的工序來看，乘客這次應該是要去「打霧」的。

「你要去刺青還帶著行李跟樂器做什麼？」我提出疑問。

「我準備要去當兵了，下週一報到，打算趕緊在入伍前刺一刺。」

「為什麼不將行李先放在家裡呢？」

「因為我很少回家。」

言談中我發現，這個年輕人明明還沒滿二十歲，卻有些歷盡滄桑，想法也與眾不同。大多數人都會認為當兵前不宜刺青，以免在軍中太過顯眼而被長官或學長「照顧」，他卻想在當兵前趕快利用時間刺青。

去南投的路途遙遠，車程要三十分鐘，我們聊了不少。他透露自己並不愛念書，高中沒讀多久就偷偷辦理休學了。某次跟父母大吵一架後，他負氣帶著行李離家出走，想要去台北闖蕩。不過，因為是臨時起意、毫無計畫，全身上下只有兩千元現金，他在台北並沒有認識的朋友可以接應，只好拖著行李流落街頭，晚上睡在台北火車站。

流浪．貴人．火車站

「後車廂的行李該不會就是你全部的家當吧？」

「沒錯。」

「睡在台北火車站其實還不錯，時間一到會有人發便當，我就排隊去領。」乘客笑著說。

「這樣想想其實也還不錯。」我笑著附和，只是我的笑摻雜著些許無奈。

「後來你在台北車站睡了多久？」我接著問。

「大概睡了兩個月後我遇到貴人，也就是現在的老闆。我的老闆是做工程的，他看我年紀輕輕就睡在台北車站，於是主動前來關心。」

「哇，那你真的是遇到貴人。」

「後來老闆安排我到他的公司上班。老闆跟老闆娘都對我很好，還包我吃、包我住，也都照規定幫我投保勞健保。」

「這老闆真的很棒，沒有趁你有困難的時候利用你。」

「不過也因為老闆幫我投保勞健保，所以沒多久警察就找上門了。我當時一聲不響地離家出走，父母有向警方通報失蹤。」

「這樣你老闆會不會有什麼拐騙青少年的法律責任？」

「沒有，還好父母也知道我是自己離家出走的，並沒有跟老闆計較，相反地還很感謝老闆對我的照顧。父母知道我在台北過得好好的，也不再擔心，只交代我要常打電話回家。」

「那真是萬幸。」

「所以我才可以在老闆那邊一直工作到當兵，等退伍後也會回去繼續工作。」

「我覺得你非常棒，年紀輕輕就歷練豐富。你有其他興趣嗎？」

「我的興趣就只有兩個，刺青跟吉他，現在一有時間就會安排去刺青，還有練習彈吉他。」

「我覺得你真的超棒，我在跟你差不多年紀的時候也想學吉他，但是都沒有跨出第一步。一直到疫情期間，政府發布三級警戒，沒什麼工作，我才買了把吉他在家自學，完成年輕時的夢想。我延遲了整整二十年才有勇氣去實現它，雖然學得不怎麼樣，但我彈吉他的時候真的超開心。」

念書不是萬能，沒有目標萬萬不能

人可以不愛念書，但不能沒有自己的興趣及目標。我從來不覺得不愛念書是什麼罪大惡極的事。年輕時的我並不愛念書，後來我找到想要守護的理想，並有自己的目標，前進的方向日益明確。現在的我清楚自己正走在哪條路上，然而在我跟這位乘客年紀相仿的時候，我其實非常茫然，並不知道未來該何去何從。

我很佩服眼前這個年輕人，他在十六歲時就很清楚自己的方向，並能腳踏實地跟他老闆學習一技之長。同時，在努力養活自己的路上，他沒有忘記個人的興趣與目標。

刺青店到了，結帳時計程錶跳到五百五十元，我向年輕人收五百元，並預祝他當兵順利。我相信這個年輕人退伍之後，一定會有屬於自己的一片天，不需要靠「學歷」也能撐起的一片天。

開快車跟你想的不一樣

前幾年因疫情影響，經濟受到嚴重衝擊，計程車司機收到小費的機會愈來愈少。即便疫情已過去，從這兩年春節的執業經驗與過往相比較，反映出大環境依然不好，景氣尚待復甦。

前陣子的某個晚上，我竟然收到了五百元的小費，在後疫情時代，五百元的小費彷彿是天文數字。面對突如其來的幸福，我卻一點也高興不起來；相反地，我的心情持續鬱悶了好一陣子。

慷慨給我五百元小費的，是一位將近兩年沒有聯絡的乘客。某天，他突然傳訊息預約，表明自己次日晚上要從高鐵站前往某醫院，詢問我是否有排班。那段時期，其實我都將晚上的時間留給家人，很少出門工作，但既然是從前的熟客，我會排除萬難，出門服務。由於該時段與我照顧孩子的時間有所衝突，我還特地請老婆當晚不要加班，早點回家，這樣我才有辦法依約前往。

當我傳訊息向乘客說明可以服務後，沒多久就收到他的回覆，原本計畫中的目的地要從某醫院改為其他地方。最後，他還千叮萬囑請我「開快點」，因為他有急事。

我雖然回答他：「沒問題，我儘量。」內心卻相當不以為然。明明所有人都知道超速很危險，卻還是有乘客要司機幫忙「趕一下」；明明是乘客要求司機開快車，但是被開罰單的風險由司機一人承擔，與乘客完全沒有關係。現在檢舉達人如此之多，被檢舉的司機往往得等收到罰單才知道，到時乘客早已不知去向；即便找得到人，乘客多半也不會給予補償。

「開快點」的一千零一個理由

當下我心裡有很多問題想問乘客：

「真的有需要那麼趕嗎？」

「開快車很危險，你不知道嗎？」

「超速被開單，你會幫我繳納罰金嗎？」

「只為了爭取那幾分鐘而叫司機冒險開快車，到底有什麼事情那麼急？」約定時間將至，我提前抵達等候乘客，只見乘客從高鐵出口朝我狂奔而來。乘客上車後，好奇如我，並沒有給他太多喘息的機會，邊開車邊詢問為何會更改地點。乘客這才說明，因為他的阿嬤在醫院即將往生，家人經過一番討論後，最終決定要讓阿嬤留一口氣回家，「所以才要拜託司機大哥開快一點，因為我要趕回家見阿嬤最後一面。」

「好，我知道了。」講完這句話後，萬籟俱寂，車上只聽得到我踩油門時發出的引擎聲，那是一種不安與緊張的綜合體現。

計程車司機的專業不是飆車，而是知道哪條路能避開紅綠燈，哪個路段沒有測速照相，哪條捷徑可以較快到達。就這樣，我比預計的五十分鐘車程提早十分鐘抵達。不可否認，我也開得比平時快一些。

大家對計程車最多的負面印象就是開快車。當看到計程車司機開快車時，大部分人會直覺地認為司機是為了多賺點錢、多跑一趟，才冒險超速，並且指責這樣的行徑很惡劣、令人厭惡、駕照是雞腿換來的云云。鮮少有人站在乘客的角度思考，之所以選擇運價最貴的計程車，就是因為「趕！時！間！」不然，何不搭乘相對便宜的大眾運輸工具？

無庸置疑，開快車是不對的，我從來不想合理化計程車司機開快車的行為。然而根據自己的真實經歷，一台在道路上高速移動的計程車，往往車廂內正上演著某些故事。

就像這個情境，如果你是我，面對乘客「要見阿嬤最後一面」，提出希望你能幫他趕一下路的要求，你會怎麼做呢？這沒有標準答案，只有自己心中的那把尺，能決定丈量這件事對與錯的刻度。

我的黑夜，他的白天

我想起幾年前，在醫院照顧重病父親時的情景。某個凌晨，父親感覺病房的空調令人窒息，要我推他去醫院樓下散步，他想呼吸新鮮空氣。當時已是門禁時段，我拜託護士讓我們父子下樓，護士體諒父親的病況，便給予通融。

當時，坐在輪椅上的父親只是仰望著天空發呆，我們沒有交談。不知道過了多久，父親開口問說：「國春，現在是白天還是晚上？」

「現在已經是凌晨啦！爸爸，你還不累嗎？要不要我推你回病房睡覺了？」我打著呵欠說。

「哈哈，你騙我，現在天那麼亮，明明就是中午十一點，怎麼可能是凌晨？」父親望著天空笑了。

「對啦！我是騙你的，其實現在才中午而已，時間還早，你想在這裡待多久就待多久。」我望著父親笑了。

我看了手機時間，凌晨兩點多，再看看父親微笑的面孔，突然覺得謊言是必須存在的。飽受癌末病痛摧殘的人，笑容通常也會一併被奪走。在病床上，病患往往只會有空洞的眼神與痛苦的表情，連擠出一點笑容都需要莫大的體力。笑容對他們而言是奢侈的，我卻難得看到父親笑了。

當時在醫院仰望著天空的父親，現在他在天空俯視著我。時間是正確還是錯誤，是白天還是晚上，早已變得一點也不重要了。

趕上了嗎？

突然，乘客的電話響起，打斷了我的思緒，只聽電話那頭的人不斷咆哮、催促，要求乘客用最快的速度飛奔回家。乘客只能一邊啜泣，一邊回覆：「快到了，快到了，司機大哥已經在趕了啦！」

面對這種催促，平時的我一定會生氣，畢竟我已經盡力幫忙趕路了；但這次我沒生氣，只是安靜地、專注地好好開車。

「司機大哥，這五百元是多給你的，謝謝你冒著危險幫我趕路。」

事過境遷，不曉得乘客最後有沒有趕上？有沒有跟阿嬤好好對話、好好道別呢？

搶載不對，但也有例外

某天下午服務到一位要去法院的乘客。到達法院，收完車資，正準備離開，一位女士敲了敲我的車窗，表示要坐車。我先問她是否已經叫過其他車了，因為有很多乘客叫了計程車卻不想等，只要看到路上有空車經過就想直接搭乘，棄之前的派遣車輛於不顧。在我們的行業裡，這就變成「搶載」。

對司機來說，這是不講道義的行為。我如果遇到這類路上攔車的乘客，通常都會再三確認。我能體會司機從其他地方匆匆趕來卻沒載到乘客的那種辛酸、無奈，因此我的原則是，倘若乘客叫過車，基本上我是不會服務的。

女士說她已經叫了車，我只好婉拒她，請她耐心等待平台派遣的司機。女士悻悻然離去，我也隨即駕車離開。在法院門口停等紅燈時，那位女士又跑來敲車窗，我搖頭並揮手表示無法服務，但她請我開一下窗戶。

原則是用來堅持的嗎？

我搖下車窗，正準備向她再次說明我的難處以及婉拒的原因時，她搶先開口：「麻煩你載一下我好不好，我老公家暴，他就快要從法院出來了，我好怕遇到他。我叫的計程車等了好久都還沒來，拜託。」女士神情緊張地說。

當時的我除了錯愕，不曉得該如何回應。在這樣緊急的狀況下，若還堅持拒載，似乎有點不近人情。於是我違背了自己跑車的原則，解開車鎖，讓女士上車。上車後，我請她盡快聯絡原先叫車的司機並取消任務。

原本想說如果該司機跟我同一個車隊，就請她把隊員編號給我，我事後透過隊部聯絡他，並將這次的車資補給那位司機，大約一百多元而已。但乘客表示她叫的是其他車行的車，既然不是同車隊，聯絡起來很麻煩，我就沒再追問了。

乘客依照我的要求，打電話聯絡原本的司機，告知對方因等待太久，決定要取消任務。我猜想她一定會被司機罵個半死，結果跟我想的一樣，不管乘客怎麼解釋並表達歉意，對方還是怒氣難消。

乘客掛上電話後嘆了口氣說：「唉！那位司機好凶。」

「一定的，叫了車之後又在路邊攔車會讓那位司機很困擾，畢竟他已經在路上了。」

及時化解的恐懼

由於是短程，我並沒有跟乘客多聊，況且涉及家暴這麼嚴肅的問題，也不便探詢他人隱私。但有個問題我一直百思不解，便向乘客提出我的疑惑：

「既然是妳老公家暴，妳並沒有不對，為什麼妳那麼害怕看到他呢？」

乘客想了一下才回答我：「因為剛剛他很激動，我擔心萬一在法院門口遇到他的話，他還會再次傷害我。其實我連車子都不敢停在法院旁的停車場，故意停遠一點，就是怕會在停車場遇到他。沒想到打電話叫的車一直沒出現，路邊也很難攔到計程車可以載我去牽車。」

聽了她的回覆後，我沒再說話。

目的地很快就到了，果然是一座停車場。乘客下車前不斷跟我道謝，說幸好遇上我剛好載乘客去法院，她才能夠及時搭到我的車，不然一定會在法院門口遇到她老公，屆時場面會很尷尬。聽完她的話後，我對她說了聲「加油」，便開車離去。

正義在何方？

離開後，我不禁感嘆這個世界有時真是黑白顛倒。這位女性乘客是家暴受害者，卻得躲躲藏藏，彷彿自己是個罪犯；她老公是施暴者，卻可以理直氣壯地面對她，說不定還憤怒地認為自己才是受害者，而想要再次傷害她，讓她即使在法院的大門前，仍處於恐懼中。

法院應是伸張正義的地方，當時就在法院的大門前，正義在何方？然而，我的「搶載」是在維護正義嗎？那樣的決定會不會有些自以為是、理盲濫情呢？

我載了那位乘客，結果影響到正在趕路前來司機的權益，換作我是他，絕對不會開心被「搶載」。就算我不會對乘客怒罵，內心也難免忿忿不平。然而，司機的權益與收入（一百元、三百元、五百元車資），相較於基本人身安全（乘客受到暴力威脅），何者輕何者重呢？

你若問我下次再遇到類似情況，會怎麼做？我想……也只能對同行說聲抱歉，我還是會破例「搶載」的。

趕路

一個陽光普照的下午，我正在排班區等候乘客，期待財神爺趕緊上車。過沒多久，遠遠看見車站出口處有一位神色慌張的小姐朝我飛奔而來。

「我要到○○醫院急診室，快幫我趕一下路。」乘客一上車就說明目的地，似乎很緊急，禮貌性的問候一概省略。

「好啊！沒問題，但我會走小路可以嗎？比較沒車。」

「可以，能快點到就好。」

安靜的車內，吵雜的車外

計程車的入行門檻相較於其他工作來得低。只要考過職業小客車駕照，再通過不算太難的學科考試，人人都可以成為計程車司機，基本上沒什麼專業可言。若真要談起計程車司機的專業，就是對於營業範圍內大小路況的熟悉度，例如知道車少、距離短的巷弄或是鄉間小徑。畢竟，大部分的乘客會選擇計程車為交通工具，就是因為重視時間效率。

我每天都會遇到趕路的乘客，像是律師趕著去法院開庭，業務趕著去與客戶開會，遊客趕著去搭高鐵，酒客趕著去續攤。這位乘客的目的地是醫院的急診室，連問都不用問，應該是趕著去看急重症的親友。我握緊方向盤，使命感油然而生。

我習慣透過乘客的目的地來判斷這趟任務適不適合聊天。如果目的地是餐廳，可能要去喝喜酒或參加家庭聚餐，這時候車上的氛圍輕鬆愉悅，司機主動寒暄無妨。如果任務是前往醫院急診室，雖然不能百分之百確定乘客去那裡的真正目的，但以刪去法來推測，絕對不是喜慶或開同學會。因此，這趟任務適合保持沉默。

此時車上很安靜，但世界卻嘈雜了起來，引擎的轉速聲、路口鳴按的喇叭聲、車廂因路況顛簸而發出的晃動聲……，窗外的景色也因為車子高速移動而變得模糊。乘客一路上沒有講半句話，手機卻一直發出「噠噠噠」的打字聲，想必是在回覆重要的訊息。

再十來分鐘就到了，我全神貫注地開車，希望能順利完成乘客的託付。

人去了，路也不趕了

「不好意思，司機大哥，你不用趕了，慢慢開就好。」小姐突然開口。

「喔……，好的。」我往後視鏡的方向望去，只見小姐低頭啜泣，並且持續用手機回覆訊息。此時我鬆開油門，將速度放慢，再放慢，世界重返寧靜。那些因不斷追趕而製造出來的聲音都消失了，窗外的風景也因車速放慢而逐漸清晰了起來。

人的一生，總是拚命在追趕，趕著求學、趕著考試、趕著畢業、趕著學以致用、趕著踏入社會、趕著步步高升、趕著功成名就、趕著成家立業、趕著增產報國、趕著含飴弄孫……趕著去醫院見至親，可是至親卻也趕著離開。在拚命追逐，渴望不斷成長的人生旅途上，遺憾經常就這麼不經意地被自己親手揑造出來。

來到了醫院急診室門口，眾人已在入口處等待，各個都黯然神傷地注視著我的車，想必他們就是在等著後座這位小姐吧？

乘客下了車，臨走前我搖下窗戶，大聲對她說了一句：「加油！」乘客回頭，還是不停地流著淚，嘴角卻是上揚的。她的微笑或許只是為了禮貌回應一位陌生人的鼓勵；又或許，她也跟當年的我一樣，想通了什麼吧？

第三部

走自己的道路

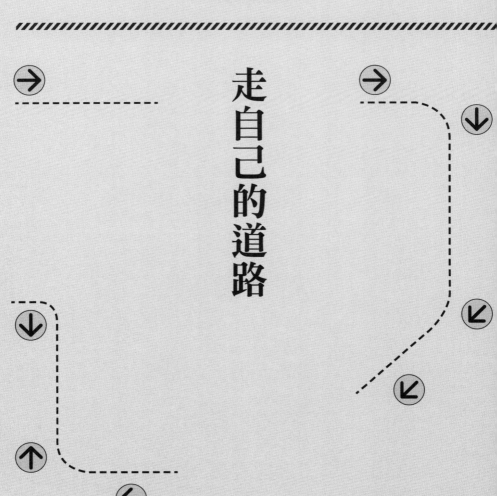

第6章

我的價值我定義

窮得只剩下誠信

多年前的某個晚上，那時還沒有疫情，適逢週末，生意興隆，我正忙著跑車賺錢。突然，派遣機響了，任務顯示上車地點是某鄉鎮的便利商店，備註上還清楚寫著「必坐不放鳥」。

當時我遠在五公里外的地方，正準備回高鐵排班，因為對這個備註饒有興趣，就按下承接鈕。我心裡其實非常清楚，會在這個時間、這個鄉鎮的便利商店，並且加上這個備註的乘客會是什麼身分。

一定是國軍弟兄。

果不其然，上車的是一位連長，我們在車上閒聊了起來。我明知故問地說：「為什麼要在備註上寫著『必坐不放鳥』？」乘客回答：「因為每次搭計程車，司機都會抱怨我們時常放鴿子，叫了車又取消，不然就是連取消都不取消，直接坐上在路邊攔到的車走了。」

沒錯，這也是我預料中的答案。

放鳥的乘客，白等的司機

回想剛跑車時，因為沒有經驗，什麼任務都接。有幾次依約前往載人，車都快開到目的地了，結果遭乘客取消，我只得開著空車回高鐵重新排班，得不償失。會這樣取消預約的，通常都是星期五離營放假、歸心似箭的阿兵哥。他們會在營區附近，透過便利商店的雲端電腦「匿名」叫車。

若成功叫到車，就會印出一張派車明細，上面清楚寫著司機的基本資料，包含車牌號碼、所屬車隊的隊員編號、預估抵達時間等資訊。有些阿兵哥在等待的過程中，若看到了別台計程空車或是白牌車，會因為不想等候而直接坐上離開。

好心一點的乘客會取消叫車，惡質一點的乘客甚至連取消都不取消，反正是「匿名」叫車，司機也不知道是誰。當承接到這個任務的司機匆忙趕到上車地點後，找不到叫車的乘客，撲了個空，往往只能失望而歸。

我剛跑車時，也有好幾次匆忙抵達現場卻聯絡不到乘客的經驗，不曉得乘客到底是去了廁所還是已經離開，由於個性使然，我選擇相信乘客，總認為對方很快會出現。直到十分鐘、十五分鐘過去了，便利商店的店員才出來跟我說：「大哥，你是在等剛剛叫車的人嗎？我看到他們已經坐別台車走了唷！」

「原來如此，謝謝你告訴我。」我無奈離去。

當這樣的負面經驗累積多了，司機們便開始對某些地點的派車任務敬謝不敏。以我自己來說，雖然還是會選擇相信人性是善良的，但若不是什麼特別的狀況，我不會讓自己輕易落入需要選擇相信或不相信的窘境中，因為還有很多任務可以承接，沒必要用新台幣去測試人性。

你多方叫車，我白跑一趟

傳統小黃跟 Uber 不一樣，不能預估車資刷卡收「訂金」。小黃必須遵循政府規定，依法照錶收費。所謂「照錶」，就表示沒有預訂地點和預估車資，只有等乘客到達目的地後，按下計程錶的列印，依照上面的金額收取車資。

政府規定的交易機制，並沒有預付訂金這一項，有些乘客便喜歡利用便利商店的雲端電腦「多方」叫車。為何說是多方？因為便利商店的合作對象不會只有單一車隊，而是許多車隊。有些乘客習慣同時向每個車隊叫車，哪個車隊的車先到，就上哪台車，至於其他依約趕到的車就不關他的事了。

晚到的司機，除了在車上罵髒話或捶方向盤，對著自己做情緒輸出之外，好像也沒有更好的方式來平息怒氣。在照錶收費的模式裡，小黃司機所承接的每趟任務，都潛藏著被放鴿子、被坐霸王車的風險，因為所有意料之外的狀況，一定是發生在任務結束之後。

當你一無所有的時候

回到這趟任務。

「我不坐一個人五十、一百塊的共乘白牌車，搭你們的車雖然車資比較貴一點，但相對有保障。有一次搭到你們車隊的車，那位司機教我在備註處寫上『一定會等』之類的字眼，這樣叫到車的機率就會高一些。往後，我都習慣這樣叫車。」乘客明顯與有些阿兵哥不同。

「哈哈哈，原來如此，真是謝謝你的肯定，不過我相信並不是每個阿兵哥都會那樣亂叫車。」我笑著回答。這個社會就是這樣，誠實的人有時反而會被不誠實的人所連累。

回想起十多年前當兵在高雄鳳山步校受訓，休假的時候會搭計程車前往鄰近的車站。當時，我也是跟好幾個阿兵哥擠在一台計程車上，眾人共同分擔車資。

有一次，因為比較晚出營區，門口已經沒有排班計程車了，我只好走到附近店家，要了計程車行的電話叫車。當時司機表示十幾分鐘後會到，我站路邊等待。過程中，剛好有幾台計程車經過，司機搖下車窗，問我要不要坐車，我只能婉拒，並向他們表明我已經叫到車了。

當時，我是個服義務役的阿兵哥，薪餉大約六千，沒學歷、沒車、沒人脈，也沒有家庭靠山。我很清楚自己什麼都沒有，但我更清楚的是，如果我連信用也沒有了，日後的前景將會是一片晦暗。

若說今天的我能獲得一些機會與舞台，也許就是靠著堅守誠信原則，再加上一點點善良吧。

補償有價，尊重無價

某天早上接到一通衛星派遣任務，我依循地址來到乘客上車處，發現是一間食品工廠，但工廠大門深鎖。當我準備要撥電話給乘客，向乘客告知已經到達時，對方正好來電，是一位女士的聲音。

「司機您好，請問大門開了嗎？」

「目前還沒開。」

「好，我馬上處理。」

「裡面有好多棟，請問我要開進去哪裡等，是要服務一位拄著拐杖的老先生嗎？」

透過大門門縫，我依稀看見前方不遠處有位長者拄著拐杖走動，旁邊還有照顧者攙扶，猜想老先生可能是要搭車的乘客，因此如此詢問。根據經驗，有時候叫車的人，不一定就是搭車的人，尤其許多長者不諳通訊設備與應用軟體，有搭車需求時，大都請晚輩協助叫車。

「對，沒錯。請把車子開進來，右邊第一棟就是了，謝謝你。」

確認好位置後，我將車停妥，下車等候。通常遇到行動不便的乘客，我都會下車協助開關車門，以利乘客上下車。對年輕人而言，上下車是件稀鬆平常的事，但對於一些長者或健康有狀況的人而言，這些「稀鬆平常」會變得「舉步維艱」。計程車有很高的機率服務到行動不便的乘客，又或者說，就是因為乘客行動不便才選擇搭計程車。

我站在後座車門旁隨時準備接應，這時卻沒見到老先生與照顧者。原以為乘客只是去洗手間或拿些物品，馬上就會出來，但數分鐘過後，乘客仍遲遲未現身。站在太陽底下的我，不免感到一絲焦躁。不過因為乘客是位長者，且車是停在工廠內部而非一般道路，不會有臨停、違停及安全上的疑慮，所以這趟任務，我多了點理解與耐心。

沒錯，錢就是尊重

終於，一位大姐從室內走出來，是剛才在大門口瞥見的那位攙扶長者的人，但仍沒見到主要乘客——拄著拐杖的長者。大姐一臉愧疚地向我賠不是，說明自己記錯醫院看診日期，現在不去醫院了。言下之意就是叫了計程車後，卻沒有搭車需求了。

「沒關係啦！」

語畢，正準備返回車上離開時，大姐把我叫住，用雙手將預先準備好的兩百元紙鈔遞給我：

「這兩百元你收著，不好意思害你白跑一趟了。」

大姐說完後，向我彎腰鞠躬；我雙手接下大姐手中的鈔票，也同樣向大姐彎腰鞠躬，差別在於我腰彎得比大姐更低。大姐的鞠躬是表示對我的歉意；我的鞠躬則表示對大姐的敬意。

這位大姐的行為非常令我感動與敬重。她知道自己的小錯誤，讓我白跑一趟，但她願意為此負責，並補償兩百元。除了部分派遣平台自訂規則之外，在計程車執業規定中，針對乘客取消叫車的行為並沒有任何防範或補償措施；也就是說，即便乘客不願意補償，司機也沒轍。

在乘客完全可以不用「補償」的前提下，大姐表達出她對計程車這份職業的尊重。大家可能會認為我所提到的「尊重」並不是指那兩百元，而是有更具深度的見解。錯了，其實「尊重」就是指那兩百元。

沒有客訴的原因

要說我膚淺也好，勢利也罷。我必須強調，通常衛星派遣任務所服務的乘客都是「初次見面」；若任務結束後並未交換聯繫方式，未來可能也不會再見面了。這樣宛如人生過客的短暫服務模式，根本談不上感情；而不談感情的時候該談什麼？當然是談錢了。

記得我剛跑車時，因為路況不熟，經常不小心在服務過程中走錯路，幸好從來沒有被客訴過。事實上，當下我除了不斷向乘客賠不是之外，還會主動降低車資。當乘客的情緒及錢包同時被照顧到了，多半不會再為難司機，甚至還會認為司機知錯能改，有擔當。

如果花個幾百元就能彌補自己的過錯，避免紛爭，我認為是一筆相當划算的交易。

這位大姐也許是這間食品工廠的經營者之一，格局很大，公關能力自然也強。但是，即便她沒有給我兩百元，我也覺得無所謂，因為司機在外跑車，遇到這種事情是常態。

有些人可能會半開玩笑地認為我「人帥真好」、「無敵幸運」之類。事實上，根據我的經驗，不補償的乘客遠比主動補償的乘客多出很多。大多數乘客認為，只要沒坐車，任務就不算成立，自然不用付錢給司機。司機被乘客爽約，可說是這份職業所必須承擔的「風險」。

正因如此，這位大姐的做法，打從心底贏得了我的敬意。

改運，從「自證預言」開始

我曾經有過許多次被放鴿子的經驗。比如，到達目的地後等了半天沒見到乘客，撥打乘客電話，對方卻說他明天才要坐車，背景還伴隨著打麻將的聲音。我也曾經開了六公里到達指定上車地點，乘客卻說剛好遇到朋友，因此要搭朋友的車。還有人在便利商店叫完車後，就沒有下文，彷彿直接人間蒸發……。

有乘客刻意在每個派遣平台都叫車，看哪個車隊的車先來，就搭哪台車，其他晚到的司機即便已經在半路上，都被無情地取消；有的乘客甚至不取消，直接讓司機撲了個空。各種爽約的情況多如牛毛，罄竹難書。

儘管如此，我還是習慣聚焦在那一點點的好事上，讓雞毛蒜皮的「鳥事」傷害不了我。因為，如果放大那些「鳥事」，負面情緒也會跟著擴大；如果不懂得調適、轉換心境，工作時容易被負面情緒籠罩，先入為主地將每趟任務的乘客都視為「奧客」，結果影響到服務品質，甚至形成一種負面情緒的迴圈。

心理學中有一個詞彙叫作「自證預言」或「自我應驗預言」（Self-fulfilling prophecy），簡單來說就是「心想事成」。指某人「預測」或期待某事發生，結果那件事真的發生了。這種預測或期望之所以成真，正是因為那人相信或希望它會發生，由此產生的行為導致了與預期相同的結果。

我總是刻意練習把「自證預言」運用在正面積極的想法上。因為我相信，我的期待會影響我現在的行為；而我現在的行為，很有可能影響未來事情發展的結果。

你豐盛圍爐，我簡單果腹

開計程車邁入第八個年頭，說來傷心，已連續多年沒有放過年假，我想這是大部分計程車司機的宿命吧！

過年時，計程車有春節運價加成，沒有辦法開心領年終獎金的計程車司機，多半會在春節期間積極跑車，賺取屬於自己的年終獎金。順帶一提，自從開計程車後，我在過年前夕就沒有再向銀行換過新鈔了，因為只要蒐集乘客支付的新鈔，就可以發紅包了。

在春節假期中，許多餐廳、便當店、小吃店都在放年假，少數有營業的店家常常人滿為患且很難停車。計程車司機為了把握賺錢時間，大都以便利商店的微波食品草草果腹，接著繼續奮鬥。

如果你問我辛苦嗎？其實我自己倒不覺得辛苦，因為能一直收現金，有時候乘客也會給一些小費。鈔票是一種可以及時將疲憊轉換為動力的神奇紙張，雖然累，但我樂此不疲。

妻子的「偽單身」

真正辛苦的其實不是我，而是我的太太！記得剛跑車的前幾年，太太還是全職家庭主婦，我是家中唯一的經濟支柱。為了拚營業額，過年期間每天早上六點多出門，晚上十二點才回家。由於長輩都不在了，我又必須在外工作，家中冷冷清清，毫無年節氣氛，讓太太被迫面臨「偽單身」的窘境。

說來慚愧，我跑車的前面幾年，我們家竟然連團圓飯都沒有吃。太太帶著小孩去好朋友家吃團圓飯，而我在高鐵站出口隨便找個位置坐下，吃著微波食品充飢。計程車這份職業，早出晚歸是常態。我總覺得，從事這份工作，除了需要得到社會的理解外，也需要得到家人的諒解。

所幸，小孩讀幼稚園後，太太有餘裕出外工作，我們成為雙薪家庭，這種沒有日夜的跑車常態才得以結束。前幾年歷經喪父之痛，體悟了陪伴的重要性。我也終於想開，雖然過年期間還是每天工作，但會利用時間與家人吃團圓飯、與朋友相聚餐敘。我想讓老婆知道，其實過年她還是有老公的。

有犧牲，有報酬，合情合理

從另一面來想，如果春節期間全部的計程車司機都過年休息，必然有很多旅客坐不到車，無法順利抵達目的地，無論是返家或出遊，那將會是件很麻煩的事情。這也是為何政府會擬定計程車春節運價加成的辦法，鼓勵計程車司機多多出來跑車賺錢。

有些人會覺得計程車過年加價宛如斂財，但我認為春節依法加價是正常的。這就好比員工在公司工作，老闆叫員工過年來上班卻只願給平日「正常」的酬勞，一定會引起強烈反彈的吧。不只是計程車司機，其他在過年期間出勤的服務業也一樣，都是「犧牲」自己與家人團圓的時間，去「成全」別人的團圓，而這些犧牲，理應獲得相對的報酬。

計程車依法跳錶收費，並沒有交易資訊不對等的問題，所以請不要再跟計程車司機砍價了，尤其是春節期間。當乘客跟計程車司機砍價成功，自以為砍到的是價錢，其實真正砍掉的是乘客在司機心目中的評價。

只值一百元的人格

記得有一年春節假期初四的時候，我在高鐵排班服務到兩位乘客，由於目的地很遠，乘客上車後就開始詢問價格。

「到那邊大概多少錢？」

「春節加成跳錶大約一千元左右。」講完後準備駛離排班區。

「九百、九百啦！」乘客用不耐煩的口吻表示。

聽到乘客要議價，我隨即停車，轉頭望向乘客再次確認：「什麼？不好意思，我剛才沒聽清楚，請再說一次。」

「九百，算九百。」乘客眉頭深鎖，依舊相當不耐煩。

「不好意思，九百我不載。坦白說，你們要到的目的地即便是收一千我也不想載，因為會塞車。如果你們要議價的話，麻煩下車，我會去後車廂幫你們下行李。」

「好，你不要生氣，我也不要生氣，一千就一千。」

整趟服務過程中，我努力調整自己的情緒，避免在大過年期間就冒出負面能量。光殺價就算了，有時還會遇到乘客用理直氣壯的方式殺價，過程中以正義使者自居，一副替天行道的模樣，從來沒想過自己的行為有多令人詬病。

就算我同意乘客便宜一百元，他認為賺到了，甚至覺得自己很聰明，是理財大師。殊不知，這種以剝削他人為樂的人，在我眼中，人格就真的只值那一百元而已。

更令人詫異的是，這類人往往金錢無虞。儘管物質條件優渥，卻還是要與經濟條件比自己差的人去計較那一百塊甚至是幾十塊。

我將那兩位乘客送達目的地，眼前出現了一間坐落鄉野間、擁有超大庭院的豪宅。幫忙乘客下行李時，兩人開心地與等候多時的親友打招呼。我內心的無力，乘客肯定看不出來；但乘客內心的貧窮，我卻看得一清二楚。

比工作賺錢更重要的事

我從父親口中得知，他年輕時一天要抽三包菸，一直到將近七十歲時，因為生了一場大病才完全戒掉，然而肺腺癌在他戒菸二十年後找上他。

父親臨終前，我每天看著他在病床上痛苦地接受胸腔引流術，以排除肺部積水，實在於心不忍，但又無力改變什麼。父親最害怕的從來就不是病痛，而是自尊被無情地剝奪。失去健康的人，很多時候只能以卑微的方式活著。

病榻上的父親，讓我意識到金錢以外更重要的兩件事——親情與健康。父親一生努力工作，刻苦耐勞，但因為脾氣太差，與他關係親近的人都不想待在他身邊，最終家庭關係疏離，無依無靠。

雖然父親臨終前留給我的遺言，除了謾罵以外沒有別的，卻間接促使我重新審視自己的價值觀與人生觀。從父親身上，我看到健康的重要性，也體認到親情是花再多錢也買不到的。因此父親過世後，我毅然決然辭去當時傳產的輪班工作，改為全職開計程車。

如陀螺般轉動的人生

離開傳產以前，計程車只是我的兼職工作。之所以會兼職，是因為當時公司政策不變，從兩班制改為三班制，工作時數縮短，薪水自然也大幅減少。

那時候我剛好計畫要將舊車賣掉，換台新車。盤算著既然都要換車了，乾脆考個計程車牌，讓新車出廠直接變小黃。成為計程車司機就多了一個新身分，也多了一條出路，可以利用空閒時間賺些外快，來彌補本職薪水的短少。

公司改為三班制後，我每日工作時間從十二小時變為八小時。當時的想法很簡單，一天有二十四小時，假如本職工作八小時，扣除睡覺時間八小時，每天還有八小時可以使用。如果運用得宜，就可以創造出許多價值。

正職工作每週都要輪班，上下班的時間並不固定，想要從事固定時間的兼職工作是不可能的。開計程車因為時間有彈性，可以自己決定營業的時間，便成為我的兼職首選。當時我兼職的生活型態是這樣的：

假如這週排早班，上班時間為早上八點至下午四點。下班後我會馬上回家盥洗，換上車隊制服，趕在下午五點前出門跑車，到晚上十點左右回家。

假如這週排中班，上班時間為下午四點至晚上十二點。下班後我就會回家睡到早上六、七點，然後出門跑車到中午過後回家，接著換上公司的制服去上班。

假如這週排夜班，上班時間為晚上十二點至隔天早上八點。下班後我會馬上回家盥洗，大約九點左右出門跑車，到中午甚至下午才回家睡覺，睡到晚上十一點，稍做準備後再去上班。

現在回想起當時的生活，實在是太累了。本職工作每週要輪班，光頻繁調整生理時鐘，就給身體帶來很大的負荷，我還兼職開計程車，把可用的時間發揮到極致。還好可以趁著排班等待乘客的空檔，在車上略作休息，不然長期下來真的會吃不消。

符合需求，豐富人生

工作狂如我，主要是因為當時女兒剛出生，老婆在家照顧，一家三口靠我這一份薪水生活。迫於經濟狀況，我效仿拚命三郎，沒日沒夜工作，不敢懈怠。

父親離世後，我決定完全轉換跑道，選擇當個全職的計程車司機。當時，女兒準備進幼稚園，這份工作的時間較為彈性，方便我接送女兒上下課。我深知，孩子的成長過程只有一次。父親錯過我的成長過程，如今我也身為人父，希望可以參與女兒成長中更多的重要時刻。

相較於傳統產業的打卡上下班，計程車司機更符合我想要多照顧家庭的需求。我放棄了穩定的薪水，從事一般社會大眾認為「收入不穩定」的計程車駕駛，收入雖然減少，但我擁有更多陪伴孩子的時光，而且再也不用熬夜工作了。

當初我沒有想到的是，這份工作讓我接觸到各式各樣的乘客，與他們互動交流；開車穿梭大街小巷，我看到社會的多樣面貌；透過記錄與分享，有機會參與更多的討論，豐富自己的生活經驗與見識。我想，沒錯，開計程車是一份工作，但就像各行各業一樣，到頭來也都不只是一份工作而已了。

如果我可以，你們也一定可以

多年前的一個晚上，我從高鐵排班出車到員林市。乘客下車後，我選擇在員林守著車機，運氣好的話，說不定能接到遠程任務；或者有乘客剛好要去高鐵站，這樣就可以省下空車回排班點的成本。

過了一個小時，衛星派遣的車機安靜得像故障，完全沒有任務提醒。正當我打算敗興而返時，車機任務鈴聲大作，我快速按下承接任務按鍵並驅車前往。乘客是一位年紀很輕的小姐，她要去彰化埔心鄉的某處。當時天色昏暗，而乘客前往的地方又必須經過羊腸小徑，我感覺車上氣氛有點嚴肅，還有點尷尬。

我猜想，也許乘客搭計程車的經驗不多，對司機產生莫名恐懼，怕司機把她載去荒郊野外，於是我試圖與她聊天來緩解這股氛圍。交談後才得知，這位乘客剛升上高中不久，下午去員林是為了回學校辦理休學。她在車上若有所思，也是在思考這個決定到底是否正確。

休學的高中女孩

「妳很勇敢唷！」我對乘客說。

「嗯？」

我相信，當她做出休學的決定時，等於在跟整個社會對抗，不管是父母、同學、師長，大部分身邊的人，都會反對她的決定，甚至對她感到失望。我不確定乘客休學的具體原因，但我認為，休學與否不應該牽涉到好壞的評價。換個角度想，敢做出這樣決定的人，不隨波逐流，比一般學生更清楚自己追求的是什麼。

我說：「等妳真正想讀的時候再回去讀就好了，到時候，妳會更明確自己的學習目的。」

「大部分的人都反對我休學，想不到司機大哥有不同的見解。」

我說：「我高二的時候也休學了啊！當時沒錢負擔私立高中的學費，所以就休學去當兵了，一直到現在，我都還沒有機會回去讀書。」

「沒有辦助學貸款嗎？」

我說：「沒有，當時連保證人都不知道在哪裡，無法申請。」

我母親多次改嫁，生下同母異父三個孩子。我們從小生長在不同的家庭裡，彼此關係並不緊密，但我知道他們的學歷也都不高。在一個家庭中，學歷往往是會複製的。我的父母目不識丁，沒有受過正規教育，我高二上學期就休學了，但我的學歷竟然是三個手足裡面最高的。

你是誰，不是學歷說了算

讀書重要嗎？當然重要，即便我早早就休學，還是覺得讀書很重要。讀書可以獲得知識，知識可以讓自己的視野更寬廣，知識就是力量，知識是無價的。但如果讀書只是為了滿足父母與社會的期待，那讀書就會變得很廉價，而且會讀得很累。

幾年下來，因緣際會，我認識了不同領域的朋友，他們都鼓勵我重回學校讀書、補學歷。以前，我一直急著想回學校去念書，但後來反而變得沒那麼著急了。只有國中學歷的人在這個社會上基本是沒有話語權的，然而老天眷顧，讓我在網路上有了一點點聲量，有機會出書，並能以自身經歷告訴這個社會，也告訴年輕失學者，不要妄自菲薄，學歷低沒關係，只要肯努力，總是可以創造出許多可能的。

我並不是想顛覆社會階級，因為我知道，當我落入某種階級意識的框架後，就是讓這個社會、讓其他人來定義我，但我不想被他人定義，我只想自己定義我自己。我是個怎麼樣的人，不是學歷說了算。

有朝一日，當我取得學歷時，也許今日的作為都會變得理所當然，這個社會無法擺脫用學歷高低去判斷一個人的視角。現在，我只想為跟我一樣沒學歷的人挺身而出，並大聲告訴他們，如果我都可以，你們也一定可以。因此雖然我不急著回學校念書，但我一直都知道，我喜歡學習，終究會回到學校重拾課本的。

低學歷代言人

如今，疫情過去了，女兒也日漸成長，我終於有餘裕重拾課本，彌補年輕時的缺憾。目前我正在國立空中大學就讀，相信在約莫四十歲時，可以從空中大學畢業，成為一個擁有大學文憑的社會人士。

對一般人言，大學文憑只是現今社會最最基本的條件；但對我而言，這張文憑遲到了超過十五年，所以我會特別珍惜，珍惜這份學習的機會。

在大學畢業以前，我的最高學歷還是只有國中。身為一個「低學歷代言人」，每當受邀到學校演講時，我從來不會跟學生說學歷不重要。我認為學歷重不重要是相對的。如果你的人生目標是成為計程車司機，那學歷對你來說可能不太重要；如果你想要成為台積電工程師，那學歷對你來說肯定非常重要。

想成為怎樣的自己？

重點不是學歷重不重要，而是未來你想要成為怎樣的自己；問題也從來不在於學歷重不重要，而是當你認為學歷不重要時，手邊有沒有比它更重要的計畫正在執行。如果一個學生對未來感到茫然時，不妨先把學歷視為眼前的目標，因為擁有學歷可以在未來的路上有更多的選擇。就如同多年前成為計程車司機時，我認為學歷不太重要；可是近年當我想考導遊、領隊執照時，礙於學歷不足，連報考的資格都沒有。這時學歷對我來說就相當重要，因此我去念空大。

可能有人會笑我：「早知如此，何必當初」、「年輕時浪費好多時間」、「現在讀來得及嗎？」其實，只要願意做，不管年齡多大都不嫌晚，真正來不及的是，你明明想做，卻一直不開始。況且，我也不覺得年輕失學全是浪費時間，過去一路走來的社會經驗，教會了我很多事。那都是無法複製的歷程，並成為我現在演講時獨一無二的「題材」。

學歷重不重要是相對的，但有件事情是絕對的，那就是「學習」。學歷可能是你在學生時期努力的「證明」，或是對父母的「交代」，但學習卻是自己一輩子的事。我學歷不高，但是我一直持續學習，面對未知的事物，我都想找到答案，保持在學習的狀態，讓人生活得更有目標。

對我而言，學習的最終目的，不是為了成績的好壞，而是為了時刻提醒自己，要做一個謙卑的人。當一個人對現狀感到自滿，認為自己不再需要學習，那他就得留意了，因為這將是一個人走下坡的開始。

好幾年過去了，不曉得當初那位高中女生有沒有依照原訂計畫，休學一年之後回去復學。如果有的話，依時間推算，她現在很可能成為一位更加清楚自己人生方向的大學生了。

成功應該是什麼樣子？

某晚高鐵末班車進站後，我服務到一位坐過站的旅客。他上車表明要去某地，然後就講起電話，責罵對方害他坐過站。車上氣氛頓時有些凝重，遇到這種情況，司機只能閉嘴，以免禍從口出。即使乘客要去很遠、車資很貴的地方，司機跑到了一趟大單，也不能顯現出高興樣子，不然實在太不識相。

我詢問過行車路線後，就沒再開口。夜也深了，應該提供乘客一個休息的舒適空間，不宜交談。半晌，乘客先開口打破沉默，他問我為何那麼年輕就開計程車、計程車好跑嗎、彰化班次那麼少要賺什麼。

我一五一十地將受到疫情影響的營業慘況告訴他：「說實在，生意真的沒有很好，不過生活還過得去。」

乘客仍然繼續質問我，才三十多歲為何選擇開計程車、為什麼不找份穩定一點的工作等等。會提出這種質疑的人，多半認定開計程車不是什麼理想行業，我只簡單說明除了計程車外，我還有經營其他斜槓，例如商業撰文、業配、寫書等。當然，這些也都不是穩定的工作，自己目前的主業還是跑車。

「寫書能賺多少錢？」

「業配能賺多少錢？」

「撰文能賺多少錢？」

我可以理解乘客為何跳針式地提出這些問題。對某些人來說，從事穩定的工作、擁有固定且具體的回報才是踏實的；而開車就是為了享受自由，寫作則是為了做不切實際的夢，在乘客的眼裡，我顯然是一個不夠務實的人。

夾槍帶棒的「良心」建議

坦白說，我不會生氣，甚至還有點習慣這類尖銳的問題。我抱著尊重乘客的態度與他聊天，並回覆提問，從過去聊到現在，再聊到未來的計畫，過程中提到最近有幾個學校單位邀請我去演講。

「演講？你有想過你要跟學生講什麼？你才國中畢業，你要鼓勵學生不要讀書嗎？」

老實說，聽到這句話我還挺難過的。回想起第一次有學校邀我去演講時，我猶豫了將近一個月。會猶豫那麼久，一方面是認為自己不善言詞，另一方面擔心我所分享的內容學生未必能消化。後來在多方鼓勵下，我才終於鼓起勇氣接下演講的邀約，現在卻慘遭這位乘客攻擊性的質疑。

「我想……我不會鼓勵學生不要讀書，而是分享我過去的經歷，藉此讓學生能珍惜自己所擁有的。」這是我當時的回覆。

快到目的地時，乘客說要給我「良心」的建議。他認為我不錯，有業配、出書，以我這個年紀來說已經很厲害了，但不要因為這樣而迷失自己，要有一技之長，踏踏實實地學習自己喜歡的東西，不要開計程車。「你不應該開計程車。」他斬釘截鐵地說。

可是，我就喜歡開計程車啊……。

目的地到了，果然不出我所料，一片金碧輝煌的社區豪宅展現於眼前。車開到大廳前時，高大威武的保全人員立刻上前開車門迎接。不難想像，乘客是一位事業有成的人。

結帳時一千零四十五元，他給了一千一百元，說不用找了。我應當高興，回程時卻怎樣也高興不起來，甚至連拖到消夜時段才有空吃的晚餐都讓我變得沒胃口。

開計程車有錯嗎？

我不曉得自己到底哪裡做錯，為什麼同樣是在社會上努力打拚的人，卻要遭受無情的質疑？只因為選擇開計程車，就得被冠上年輕人不肯努力，只想享受自由的罪名？我相信乘客是真的關心我，也看得起我，但是他看不起這份職業，他說：「計程車司機是快六十歲的人才會從事的行業。」

這樣的關心讓我頗受傷，尤其當他質疑我有何資格去學校演講，認為我會鼓勵學生不要讀書……。唉，人生就是這樣，遇到的人來來去去，有時候總會出現幾個在不經意間指責你，然後就這樣轉頭離開的人。

乘客說得沒錯，開計程車的確不會讓我大富大貴。也許我一輩子都不會達到他那樣的成就；我不會住豪宅，回家時不會有帥氣的保全幫我開車門；我的餘生也許就這樣庸庸碌碌地在平凡中度過。

雖然不富有，但甘之如飴。只要行有餘力，就幫助別人。即便生活有時捉襟見肘，我也從沒讓自己的孩子餓過肚子。我不敢說自己過得很好，但有台車，有個擋風遮雨的住所；每個月拿到各種帳單時，也會鬱鬱寡歡，但我從未拖欠銀行貸款，更沒有欠親朋好友一毛錢。我覺得，人生足矣。

記得自己的夢想

我常問自己，當一個人去掉所有身外之物，赤裸地面對世人時，他還有什麼值得尊敬的地方？一旦名錶、飾品、豪宅、名車、現金、存款都不見了，還剩下什麼能讓這個世界記得他？

很久以前我做了一個夢，那個夢叫作出書。這個夢實現了，即便它沒辦法替我帶來可觀的財富，但它讓我有機會為社會上不容易被看到的人發聲，也為計程車司機發聲。我努力透過文字，與讀者一起從多方面認識社會上不同階層、不同背景、形形色色的人。希望這樣的交流，讓我們相互理解、友善對待、彼此包容，那就是我想傳遞的。它不會帶來財富，卻是一件很有意義的事情。

若干年後也許真的有那麼一天，我飛黃騰達了，回家時也有帥氣的保全幫我開車門，我期許自己仍然能謙遜地對待每個人，尊重每份職業，不會用自己的成就去框定別人，也不會隨意為別人定義成功應該有的樣子。

任何堅守崗位、努力認真工作的人，對這個社會來說都是最美的。有一天，如果我不小心乘車坐過站，需要在半夜搭計程車回家，我一定會在結帳付款時對司機說：「謝謝，辛苦了，有你真好，加油！」我一定不會給他「良心」的建議——不要開計程車了。

人生真的有很多選擇

某天，排班服務到一位衣著正式、較年長的女性乘客。一路上這位大姐侃侃而談，大部分時間都在分享自己的成功故事，我基於專業的服務精神，每隔幾秒便點頭附和。雖然我露出認真聽的表情，但內心對她的成功事蹟並無太多共鳴。

畢竟，要在不到十五分鐘的時間內對初次見面的人談論自己的成功，還要讓對方照單全收，是非常困難的一件事。即便演講者的最高殿堂TED，也都有十八分鐘的長度。這位乘客竟能將她過去的人生故事、成功經驗、豐功偉業濃縮在十五分鐘內表達出來，而且還是在一個移動的車廂裡，不得不令我感到佩服。

經驗告訴我，我如果不是遇到萬中選一的天才型短講者，就是遇到了想要說服我加入其事業的成功人士吧。

乘客的故事不斷圍繞在自己的事業上打轉。她說以前也做著朝九晚五的工作，但現在這份事業改變了她，還幫助了許多親朋好友，她表示待會要去的地方就是公司舉辦的說明會。

開啟行銷之門的一句咒語

雖然我對乘客的事業不感興趣，出於基本禮貌，還是附和乘客幾句，以免對方認為車隊的司機這麼冷漠。於是，我隨口問了一句：「所以您是在做什麼的呀？」

就這樣簡單的一句話，彷彿「芝麻開門」的咒語般，讓乘客敞開行銷的大門。她抓緊機會，滔滔不絕地講了十多分鐘。其中有個重點是，她的父親高齡八十多歲，癌症末期，長期臥病在床，做了多次化療都沒有用。在一次偶然的機會裡，她給父親服用公司的產品，才十幾天，父親就可以下床走路了。

「我今天是來幫助別人的。」乘客說。

抵達目的地下車前，乘客仍不斷強調自己的事業做得很大，前陣子還與某綜藝大哥的老婆餐敘，因為她們是事業上的夥伴。為了證明自己所言不假，她還將手機裡的合照秀給我看。

「哇！不錯耶，您真是厲害。」我看完照片後頻頻點頭，表示尊重。

結完帳後，乘客要加我的LINE，並說以後還會再叫我的車。礙於當下不適合直接拒絕，畢竟那一刻她還是我服務的乘客，於是先加了好友，反正之後可以再刪除。乘客說隔天還有個分享會，她會把資訊傳給我，我若有空可以參加，不強迫，也不需要花錢。

你的選擇還是你的選擇

果然，沒多久就收到這位乘客傳來的訊息。因為我已有約，便婉拒了，並向她說明自己除了開計程車這份職業外，還有其他副業，所以既沒時間，也沒有興趣參與相關活動。

在我明確表示沒興趣後，乘客鍥而不捨地回覆我：「人生有很多選擇，現在的選擇會改變你的下半輩子。追求被動收入是現代人的目標，我們可以約吃飯好好聊聊，讓你慢慢理解。」

這時候我才發現自己誤會了乘客口中「不強迫」的定義。在我的認知裡，不強迫的意思是，「只要我明確拒絕，對方就不會在這個話題上堅持下去」；然而乘客對於不強迫的定義恐怕是，「只要我沒拿武器逼迫你，都不算是強迫」。

尤其是看到乘客訊息裡的那一句「人生有很多選擇」，內心油然生起一把無名火。我跟她僅有一面之緣，她根本沒了解過我，也不知道我的真實情況，就在訊息中以成功者的姿態，教導我「人生有很多選擇」。

為什麼這麼肯定我的選擇一定是失敗的？還是，打從心底認為開計程車的人注定沒什麼前途，所以連問都不用問，就能斷定我的工作包括副業都是「差的選擇」？難道不知道，有隱形富豪開計程車只是為了「體驗生活」嗎？（很可惜我不是。）

為了能平和地結束這段溝通，我將自己所從事的寫作、演講、業配、廣告、通告等副業略作說明，一次交代完畢。說完後還貼出日前上通告與許多演藝圈前輩共同錄影的畫面截圖，其中也包含了她事業夥伴的「綜藝大哥老公」。

人生的確有很多選擇，我喜歡自己的每個選擇，並對此負責，能不能因此改變下半輩子尚未可知，但我會努力執行，從中學習。我相信別人也是如此，因此值得尊重，不會貿然試圖去改變別人的選擇。

道不同，不相為謀

打著助人的口號，從自己事業體的同溫層出發，單方面認為可以「拯救」別人的人生，這種行銷方式令我難以苟同。無論產品有多好，所有行銷、推廣、增員、入夥等行為，都不應該建立在踩踏他人的選擇上，甚至藉此彰顯自己的偉大。即便真的很偉大，都不該藐視他人。

我很清楚自己離開車廂後，車子以外的世界無限寬廣；然而在那位乘客眼裡，她的事業似乎等同於全世界。

當乘客已讀我所傳送的訊息後，她態度丕變，竟改口說：「難怪你看起來就跟其他司機不同。」短短幾分鐘內，我在乘客的眼裡，馬上從一個失敗的司機搖身一變成為人中龍鳳。她甚至自顧自地把我「定義」成她彰化的朋友，並說自己的年紀應該跟我父母差不多，也算是我的長輩了。

我父親是戰後隨政府遷台的第一代外省人，多年前以高齡九十歲過世。如果乘客跟我父親差不多年紀，現在應該快成為人瑞了。話不投機半句多，我還是就此打住吧。

由於難以認同這種行銷策略與溝通方式，再加上彼此價值觀的差異，我連LINE友都不想當了，更遑論成為現實生活中的朋友。不知這位已被我封鎖的乘客，現在是否仍繼續經營著「助人」的事業？祝她成功。

沒有愛，得到愛，失去愛，散播愛

永漢大哥是一位懂得享受孤獨的計程車司機。受到原生家庭的影響，他認為一個人生活更自在，他喜歡一個人開車聽音樂兜風、一個人看電影、一個人下廚……。對他來說，愛是一種束縛。

「孤單是安全的，我從小就經常一個人在家。因為自己是單親家庭長大的孩子，身邊的朋友也都是，所以我從沒想過要結婚生子，根本不可能。」永漢大哥說。

直到玉蘭的出現。

有情人終成眷屬

玉蘭與永漢大哥同屬車隊裡的司機，雖然司機的工作都是個別行動，難有交集，但因永漢大哥擔任車隊幹部，在跑車的同時，還要處理隊員的各種疑難雜症，兩人因此有了交集。玉蘭會向永漢大哥分享自己的生活狀況，尤其在聊到感情時，永漢大哥更成為玉蘭的傾訴對象。

有別於永漢大哥，玉蘭無法在感情上孤獨，她交過許多男友，但都沒有圓滿的結果。永漢大哥因為不輕易踏入感情，所以總能以理性客觀的方式給予玉蘭分析與建議。可惜當局者迷，旁人再怎麼理性的建議，也敵不過男友的甜言蜜語。情關總是難過，玉蘭相信男友給她的承諾，並且幫助他解決債務問題，之後男友卻離開了她。

玉蘭傷心過度，成日鬱鬱寡歡，無心於工作，便提早辦理退休，將勞保退休金整筆領回。了結債務後，玉蘭也離開車隊，沒想到兩人的聯繫反而變得更密切。

「我一直在想，要怎麼讓她回到從前我認識的樣子。」永漢大哥說。

為了讓玉蘭走出情傷，永漢大哥常常在下班後陪伴玉蘭去公園散步、聊天，鼓勵她走出陰霾。日久生情，兩人成為一對戀人。他們一起看電影，一起爬山，一起吃美食，一起旅遊。

臨走前，請嫁給我吧！

有了感情上的滋潤，玉蘭的心理創傷逐漸好轉，但身體的病痛卻沒有放過她。某日，他們去太平山遊玩，回家後玉蘭高燒不退，到醫院檢查才發現罹患白血病，也就是血癌。

一開始，玉蘭很幸運，在骨髓配對中找到適合的骨髓進行移植，治療半年後出院。只是，出院幾個月後，白血病再度復發。儘管化療已經無效，所幸還有實驗標靶藥物可以試試，只要積極治療，情況一定會好轉吧？

永漢大哥每天下班後都會抽空去醫院陪玉蘭，雖然沒有辦法替她分擔身體上的痛苦，但他讓玉蘭知道，她並不是一個人孤軍奮戰。

無奈的是，「愈努力愈幸運」這句話從來不適用於病床上。再多的治療與陪伴，玉蘭的病情始終無法穩定，各項指數都不佳，情況並不樂觀。當時永漢大哥開始思考，自己還能給玉蘭什麼，每每想到這裡，他才發現自己有多渺小。在病魔面前，人人都是卑微的。

「既然我什麼都給不起，那我就在她離開之前給她一個婚姻，那是當時我唯一能做的。」

人一旦生病了，與身邊朋友的關係似乎也會跟著改變。有些人會一走了之，有些人則是不離不棄，永漢大哥是後者。

從醫院返家後，永漢大哥無心跑車，反而載著玉蘭四處兜風。在他十幾年的計程車生涯中，玉蘭才是生命中最重要的乘客。

「妳願意嫁給我嗎？」永漢大哥在車上向玉蘭求婚。

「真的假的？」玉蘭又驚又喜，她馬上答應，還與親友分享了這個好消息。

那一年的秋天，他們登記結婚，成為彼此生命中最重要的人，一起努力抗癌，一起四處旅遊。隔年初，他們最後一次出遊，不久之後，玉蘭再次住院，這次狀況更不樂觀。春天時，玉蘭住進加護病房，病情時好時壞。不可思議的是，每當永漢大哥親吻玉蘭時，她的血壓就會升高，連醫生都對此嘖嘖稱奇。

然而沒過多久，不論永漢大哥怎麼親吻，玉蘭都不再有反應。他知道，是時候了。他在玉蘭耳邊輕輕說：「玉蘭，累了就放下吧！不用擔心我，妳答應嫁給了我，已經讓我感到很幸福。」

留不住妳，留得住愛

玉蘭走了，到另一個世界去。那裡沒有痛苦，沒有煩心事，也許……也沒有永漢大哥，但永漢大哥的世界裡，一直都有玉蘭。

「老婆的離世，讓我想幫助身邊更多的人。」玉蘭沒有留下什麼給永漢大哥，但永漢大哥承接了玉蘭樂於助人的心、熱愛挑戰的天性，他更明白陪伴的重要。

玉蘭過世後，永漢大哥開始嘗試許多以前從未做過的事，比如攀登百岳、加入觀音山揹水隊、跑馬拉松、徒步環島等等看似獨自一人完成的挑戰，但他的心裡一直有妻子玉蘭同行。

人生很短，許多風景都因為走得太快而錯過。玉蘭離開後，永漢大哥將腳步放慢，並執行每兩年一次、每次為期一個多月的徒步環島計畫。除了藉由環島表達對玉蘭的思念，同時他在環島的過程中拜訪許多弱勢司機，透過車隊依人民團體法成立的「台灣計程車駕駛暖心協會」，將資源提供給需要幫助的職業駕駛。

逝者已逝，關懷可以傳遞給還在的人。永漢大哥將對玉蘭的這份愛延伸出去，散播到弱勢司機身上。無論是重病的、獨居的、生活拮据的，或是沒有家人出面簽署醫療文件的司機，都成為永漢大哥關懷的對象。

在聽完永漢大哥和玉蘭的愛情故事，以及他協助弱勢個案的種種事蹟之後，我覺得永漢大哥與暖心協會的行動非常有意義。這是美麗且重要的事，身為同車隊的一份子，我當然全力支持。

在車隊中，永漢大哥始終扮演著一個支持者角色，擔起猶如社工的任務。我希望透過他的故事讓更多人知道，有很多計程車司機在默默付出自己、貢獻他人，從來不要求任何回報，他們單純只是不忍看到別人有難，因而奮不顧身伸出援手。

「當你想要幫助人時，你就已經獲得快樂。」—永漢大哥這麼說。

國家圖書館出版品預行編目資料

坐霸王車的男孩／王國春著. -- 初版. -- 臺北市：商周出版，城邦文化事業股份有限公司出版：英屬蓋曼群島商家庭傳媒股份有限公司城邦分公司發行，2025.01

面； 公分

ISBN 978-626-390-410-1(平裝)

1. CST：王國春 2. CST：傳記

783.3886 113020039

坐霸王車的男孩：從黑暗到光明的逆轉人生

作　　者／王國春
責任編輯／程鳳儀

版　　權／游晨瑋、吳亭儀
行銷業務／林秀津、周佑潔、吳淑華、林詩富
總 編 輯／程鳳儀
總 經 理／彭之琬
事業群總經理／黃淑貞
發 行 人／何飛鵬
法律顧問／元禾法律事務所 王子文律師
出　　版／商周出版
城邦文化事業股份有限公司
台北市南港區昆陽街 16 號 4 樓
電話：(02) 2500-7008 傳真：(02) 2500-7579
E-mail：bwp.service@cite.com.tw
發　　行／英屬蓋曼群島商家庭傳媒股份有限公司城邦分公司
聯絡地址／台北市南港區昆陽街 16 號 8 樓
書虫客服服務專線：(02) 25007718・(02) 25007719
服務時間：週一至週五上午 09:30-12:00；下午 13:30-17:00
24 小時傳真專線：(02) 25001990・(02) 25001991
服務時間：週一至週五 09:30-12:00・13:30-17:00
劃撥帳號：19863813；戶名：書虫股份有限公司
讀者服務信箱 E-mail：service@readingclub.com.tw
城邦讀書花園 www.cite.com.tw
香港發行所／城邦（香港）出版集團有限公司
香港九龍土瓜灣土瓜灣道 86 號順聯工業大廈 6 樓 A 室
電話：(852)2508-6231 傳真：(852)2578-9337
Email：hkcite@biznetvigator.com
馬新發行所／城邦（馬新）出版集團 【Cite (M) Sdn. Bhd.】
41, Jalan Radin Anum, Bandar Baru Sri Petaling,
57000 Kuala Lumpur, Malaysia
電話：(603) 90563833 傳真：(603) 90576622
Email：services@cite.my

封面設計／ A+DESIGN 鄭宇斌
電腦排版／唯翔工作室
印　　刷／韋懋實業有限公司
經 銷 商／聯合發行股份有限公司 電話：(02) 2917-8022 傳真：(02) 2911-0053
地址：新北市新店區寶橋路 235 巷 6 弄 6 號 2 樓

■ 2025 年 2 月 4 日
■ 2025 年 3 月 4 日初版 2.3 刷

Printed in Taiwan

城邦讀書花園
www.cite.com.tw

定價／ 380 元

ISBN：978-626-390-410-1